Ismail Brahmi

Indexation, Extraction, Visualisation et Analyse de données

AF549072

Ismail Brahmi

Indexation, Extraction, Visualisation et Analyse de données

du web et des fonds d'investissement à travers la technologie Big Data & Machine Learning

Noor Publishing

Imprint
Any brand names and product names mentioned in this book are subject to trademark, brand or patent protection and are trademarks or registered trademarks of their respective holders. The use of brand names, product names, common names, trade names, product descriptions etc. even without a particular marking in this work is in no way to be construed to mean that such names may be regarded as unrestricted in respect of trademark and brand protection legislation and could thus be used by anyone.

Cover image: www.ingimage.com

Publisher:
Noor Publishing
is a trademark of
International Book Market Service Ltd., member of OmniScriptum Publishing Group
17 Meldrum Street, Beau Bassin 71504, Mauritius

Printed at: see last page
ISBN: 978-620-2-35271-0

Copyright © Ismail Brahmi
Copyright © 2020 International Book Market Service Ltd., member of OmniScriptum Publishing Group

Discipline : Informatique

Parcours : Systèmes d'Information, Multimédias et Décisionnels

Présenté par

BRAHMI Ismail

Indexation, Extraction, Visualisation et Analyse de données des reportings des fonds d'investissement à travers la technologie Big Data et Machine Learning.

Remerciements

Tout d'abord, je tiens à remercier ALLAH, De m'avoir donné la santé, la volonté et la patience pour mener à terme ma formation, et m'a éclairé le chemin de la science et de la connaissance et m'a aidé à accomplir ce devoir et de succès dans la réalisation de ce travail. Louange à Allah !

J'adresse mes sincères remerciements à Monsieur Ahmed Azough, mon encadrant, pour son aide, ses efforts et conseils précieux pour pouvoir me mettre dans le bon chemin, et la confiance qu'il m'a témoignés tout au long de ce travail.
Avec mon admiration pour votre rigueur dans le travail, vos qualités humaines et professionnelles je vous prie de trouver ce travail toute la reconnaissance que je vous témoigne.

Mes vifs remerciements vont également aux membres du Jury qui ont accepté d'examiner ce travail et de l'enrichir par leurs propositions.
Merci à tout le corps enseignant du Laboratoire LIM, Master SIRM et du Département d'Informatique de la faculté des sciences Dhar el Mehraz Fès.

Et merci également continu aux gérants des fonds chez Amundi en mention spéciale Mr. Chancari Kamal, Mr. Redouane Zad et le gérant de portefeuille Mr. Khalid Ghallali qui m'ont aidé, chacun en fonction de son emplacement. Ils étaient favorables pour moi dans la réalisation de ce travail, m'ont expliqué tout mystérieux.

Mes parents, Mon frère et sa femme, Mes Sœurs, Mes beaux-frères, Mes Collègues : Said, Saad, Youness, Mohammed, Zouhair, Mustapha, Kaoutar, Maha.

Enfin je tiens à remercier toute personne ayant contribué de près ou de loin à la réalisation de ce travail. J'en oublie certainement d'autres et je m'en excuse. Encore un grand merci à tous pour m'avoir conduit à ce jour mémorable.

« Si j'ai vu si loin, c'est que j'étais monté sur des épaules de géants. »
Isaac Newton

Dédicace

Je dédie ce travail à

Ma mère Rachida, La plus dévouée de toutes les mamans du monde,
Mon père M'Hamed : Le trésor du ciel,

C'est grâce à votre amour, votre immense affection, vos encouragements, la confiance que vous m'avez accordée ainsi que vos innombrables sacrifices que j'arrive aujourd'hui au terme de ce travail.
Pour votre amour, votre compréhension, votre bienveillance et vos sacrifices,
J'espère que vous trouvez dans ce travail le témoignage de ma profonde reconnaissance et mon éternel attachement.

Mon cher frère Abdessamad,
Sans votre encouragement ce travail n'aura jamais vu le jour.
En témoignage de mon affection profonde, avec tous mes vœux de le voir réussir dans sa vie.

Mes chères sœurs : Soumaya, Khadija, Hajar, Soukaina et Manar
Pour les moments que nous avons partagés ensemble.
Pour leur amour et leur soutien qu'elles trouvent ici l'expression de ma haute gratitude.

Mes amis,
Parce qu'ils n'ont jamais cessé de croire en moi et de supporter mes bêtises.

A toute ma famille et à tous ceux qui me sont chers.
Je dédie ce travail espérant avoir répondre à leurs souhaits de me voir réussir.

Résumé

La finance est à l'aube d'une révolution. L'environnement de la gestion des fonds d'investissements change à grande vitesse ce qui engendre, avec l'essor des technologies Big data, l'émergence de nouveaux business modèles portés par les sociétés de gestion de portefeuille. Ceci permet de mieux comprendre les enjeux et opportunités afin de prendre les décisions stratégiques adéquates. [1]

Actuellement, le troisième secteur financier qui est l'industrie de la gestion d'actifs s'appuie sur des données traditionnelles pour élaborer des stratégies d'investissement et des conseils à destination de ses clients. Big Data, intelligence artificielle ou encore Business Intelligence : autant de concepts qui vont profondément transformer la manière d'analyser les données, de gérer les fonds d'investissements

Ce document présente notre projet de fin d'études qui consiste à faire les connaissances d'intégrer Big data et machine Learning dans un projet de construction de portefeuille pour investisseur.

Tout d'abord, nous proposons comme première contribution la réalisation d'un algorithme capable de chercher tous les fonds d'investissement appartenant à une catégorie donnée avec des critères donnés, de les stocker et de les classer par niveau de performance, risque, rapport rendement risque et par l'exposition d'un marché donné par catégorie.

Ensuite, cette classification demande d'effectuer un traitement sur les reportings de fonds afin de récupérer les éléments pertinents, extraire les données requises de chaque fonds avec une méthode adéquate selon les différents formats possibles des rapports analysés et selon la précision de l'extraction de données non structurées puis les stocker de nouveau dans une base de données structurée.

Enfin, cet algorithme doit retourner les résultats d'une manière plus claire afin de les visualiser graphiquement sur une interface web, et d'analyser les données extraites en s'appuyant sur les algorithmes de Data Mining à travers des outils et technologies Big Data.

Ce projet a permis de mettre en place un outil de recherche de documents et de données sur le web, recherche de données spécifiques sur des reportings de fonds, analyse de données récupérées et visualisation de résultats.

Les résultats doivent permettre à terme la réalisation des taches d'extraction et d'indexation totalement automatisées avec une grande capacité de traitement en nombre de fonds analysés et surtout pouvoir enrichir facilement les demandes.

Mots-clés : Gestion de fonds, Gestion de portefeuille, reportings de fonds, Investisseur, Big data, Machine Learning, Data mining, Business intelligence.

Abstract

Finance is at the dawn of a revolution. The investment fund management environment is changing at high speed, which, with the rise of Big Data technologies, is leading to the emergence of new business models driven by portfolio management companies to better understand the issues and opportunities in order to make the right strategic decisions.

Currently, the third financial sector, the asset management industry, relies on traditional data to develop investment strategies and advice for its clients. Big Data, artificial intelligence and Business Intelligence: all concepts that will profoundly transform the way data is analyzed and investment funds are managed.

This document presents my end of studies project which consists in making the acquaintances to integrate Big data and Learning machine on a project of construction of portfolio for investor.

First of all, I propose as first cooperation on the realization of an algorithm that could search all the investment funds that belong to a given category with given criteria, store them and classify them by level of performance, risk, risk/return ratio and by its exposure of a given market by category.

Then, this classification requires processing on the fund reports in order to recover the relevant elements, extract the required data from each fund with an adequate method according to the different possible formats of the analyzed reports and according to the accuracy of the unstructured data extraction then store them back in a structured database.

Finally, this algorithm must return the results in a clearer and more consumable way by a web application with a well-developed graphical visualization of results allowing to carry out the analyses on the extracted data by relying on the algorithms of Data Mining through Big Data tools and technologies.

This project comes in response to this need by the implementation of a document and data search tool on the web, searching for specific data on fund reports, analysis of recovered data and visualization of results.

The results should eventually enable a fully automated task to be carried out with a large processing capacity in terms of the number of funds analyzed and, above all, to easily enrich applications.

Keywords: fund management, portfolio management, fund reporting, investor, big data, machine Learning, data mining, business intelligence.

تلخيص

تتغير بيئة إدارة صناديق الاستثمار بوتيرة سريعة جدا، مما يمهد الطريق لنشوء نماذج أعمال جديدة تقودها شركات إدارة الأصول. مع ظهور وتطور تقنيات البيانات الضخمة، سارعت هذه الشركات إلى الاستفادة من الإمكانيات التي تخولها هذه التقنية وذلك حتى تتمكن من فهم أكبر للمخاطر والفرص التي تواجهها قصد اتخاذ قرارات استراتيجية صحيحة.

حاليا، يعتمد قطاع إدارة الأصول، والذي يعتبر القطاع المالي الثالث، يعتمد على البيانات التقليدية لتطوير استراتيجيات الاستثمار وتقديم الاستشارة لعملائه. البيانات الضخمة، الذكاء الاصطناعي وذكاء الأعمال كلها تعتبر مفاهيم من شأنها إحداث تغيير جذري في طريقة تحليل البيانات وكذا إدارة صناديق الاستثمار.

يقدم هذا التقرير النهائي لمشروع التخرج الخاص بي، تقريرا مفصلا لتوظيف تقنيات البيانات الضخمة وتعلم الآلة، من خلال مشروع إنشاء محفظة للمستثمر.

أولا قبل كل شيء، اقترح تطوير خوارزمية للبحث عن جميع صناديق الاستثمار التي تنتمي إلى فئة معينة وذات معايير محددة، تخزينها وتصنيفها حسب مستويات متعددة: مستوى الأداء، مستوى الخطر، نسبة المخاطر إلى العائد وأيضا حسب تعرضها لسوق معين.

بعد ذلك، يتطلب هذا التصنيف معالجة تقارير الصناديق للحصول على العناصر المناسبة، استخراج البيانات المطلوبة من كل صندوق باستخدام طرق مناسبة حسب مختلف التصاميم الممكنة للتقارير ووفقا لدقة استخراج البيانات غير المهيكلة، ثم تخزينها من جديد في قاعدة بيانات مناسبة.

أخيرا، تقوم هذه الخوارزمية بإرجاع النتائج بطريقة واضحة تجعلها قابلة للاستعمال من خلال تطبيق ويب خاص يتوفر على عارض بياني متطور للنتائج، مما سيسمح بإجراء التحليلات على البيانات المستخرجة اعتمادا على خوارزميات التنقيب في البيانات وذلك عن طريق أدوات وتقنيات البيانات الضخمة.

يأتي هذا المشروع استجابة للحاجة الكبيرة التي يعاني منها سوق التمويل، وذلك من خلال إنجاز أداة بحث للمستندات والبيانات على شبكة الأنترنت، البحث عن بيانات محددة حول تقارير الصناديق، تحليل البيانات المستخرجة والعرض البياني للنتائج.

نتائج هذا البحث ستمكن من تنفيذ التأشير و الإستخراج بطريقة أوتوماتيكية بالكامل مع إمكانية معالجة عدد ضخم من الصناديق التي يتم تحليلها وبالخصوص إثراء التطبيقات الممكنة.

Tableau des abréviations

Acronymes	Désignation
• **BI**	Business Intelligence
• **Java EE**	Java Entreprise Edition
• **API**	Interface de programmation applicative
• **JS**	JavaScript
• **HTML**	HyperText Markup Language
• **VL**	Valeur Liquidative
• **BD**	Base de données
• **UML**	Langage de modélisation unifié
• **PDF**	Portable Document Format
• **SGBD**	Système de gestion de base de données
• **JSON**	JavaScript Object Notation
• **http**	HyperText Transfert Protocol

Liste des Figures

Liste des tableaux

Table des matières

Introduction générale

Pensez-vous qu'après l'explosion quantitative de données et l'apparition des mégadonnées qui deviennent tellement volumineuses et souvent redondantes, nous pouvons donc gérer facilement la triple problématique (3V) : le volume de données à traiter, la variété des ressources pour les collecter et la vélocité pour les indexer en se basant sur des outils d'extraction de données et des algorithmes de recherche et d'indexation classiques pour caractériser cette évolution ?

« Quelle naïveté me direz-vous ! »

Surement que votre réponse confirme qu'une telle croissance de données massives pousse et oblige les chercheurs à trouver des nouvelles manières de voir et analyser ce monde indicible qu'aucun outil classique de gestion de l'information ne peut vraiment fonctionner.

En effet la découverte de nouveaux ordres concernant la recherche devient une nécessité incontournable et inévitable pour mettre en place une indexation et collection de données souple, ainsi qu'une extraction d'informations fiable et rapide.

Issue du monde de l'internet, la technologie Big Data touche aujourd'hui de nombreux secteurs économiques et financiers et l'industrie de la gestion des fonds ne fait pas exception. [1]

Mais en 2018, à l'ère de la révolution de la technologie Big Data, une équipe de gestion financière d'actifs au sein d'un acteur européen majeur dans ce domaine gère quotidiennement et jusqu'à présent toutes les données dont elle dispose manuellement, sachant que ces données sont beaucoup plus diverses, non structurées et elles proviennent de sources multiples.

« Quelle horreur me dîtes-vous ! »

C'est une réaction assez sereine, oui, c'est très naïf de qualifier l'explosion de cette quantité de données à laquelle les entreprises font face depuis quelques années à travers une gestion classique et traditionnelle. Cependant, la mise sur le Big Data devient une nécessité urgente pour se différencier car la collecte et l'analyse des mégadonnées sont devenues essentielles pour les investisseurs qui cherche à se donner une longueur d'avance sur le marché par avoir la meilleure information dans le temps optimal et avec un format approprié.

Heureusement, vous n'avez plus besoin d'exprimer votre inquiétude, les géants de l'informatique ont trouvé une solution idéale et robuste qui répond à la problématique imposée. Nous pouvons maintenant imaginer la finance de demain avec cette formidable opportunité pour les entreprises de gestions d'actifs, nous proposons dans ce rapport notre adéquate contribution qui vise à changer le mode de travail de cette équipe, plutôt, si nous osons dire son mode de vie.

Dans ce projet, nous veillons offrir les meilleurs alternatifs pour dégager cette problématique en contribuant à la création des outils de traitement de grosses données avec des caractéristiques de performance, fiabilité, et de sécurité.

Nos outils permettent de garantir un traitement qualitatif comprenant quatre niveaux essentiels, la recherche, extraction, visualisation et l'analyse de données qui proviennent du web ou bien celles qui circulent sur des supports numériques.

D'abord, nous mettons en place un crawler & scraper pour explorer automatiquement le web, ce dernier est conçu pour l'indexation et l'identification des ressources par un index le plus exhaustif possible, c'est du crawling, puis les collecter en rassemblant les meilleurs résultats de redirection du crawler afin de les gratter et de les extraire par la suite par un scraper. Cette opération est complètement automatisée et s'exécute en backend tous les jours à 2h du matin pour récupérer la valeur liquidative publiée par les sociétés d'asset management.

Ensuite, un Extractor pour extraire un certain nombre d'information sur des reportings des fonds qui se génère chaque mois par les entreprises de gestion d'une structure a un comportement variant d'un reporting à l'autre. Notre extracteur a la capacité de contrôler toute structure imprévue, et de se familiariser avec l'hétérogénéité de données dans un même reporting, ce dernier peut avoir plusieurs types et formats de données se positionnant dans les textes, graphiques, images et les tableaux. Ce traitement automatique consiste à faire un apprentissage automatique de détection du reporting correspondant. Cette opération qui offre plusieurs choix d'extraire chaque reporting séparément ou de parcourir une centaine de reportings à la fois a pour but d'être utilisable en cas d'archivage ou de restauration.

En outre, une extraction en parallèle est faite à travers un outil du Big data, Hadoop, pour intégrer notre propre algorithme aux cas de traitements d'une immense quantité de données sur des architectures distribuées.

Enfin, une représentation graphique est élaborée pour pouvoir visualiser les résultats obtenus par nos outils d'une manière claire et lisible. Ceci permet de faire une étude descriptive, comparative et critique aux résultats obtenus et qui sont stockés par la suite dans un support bien structuré et organisé et consommables par des clients web à l'aide des architectures micro services.

Et par la suite, Cette alimentation nous conduit de faire les analyses nécessaires en s'appuyant sur des algorithmes de data analysis et data mining afin que les gérants d'actif prennent les bonnes décisions et font les meilleures prédictions permettant de transformer chaque donnée en profits et en dollars.

Ce mémoire s'articule autour de trois chapitres principaux, le premier représente une étude fonctionnelle du projet, le deuxième sera consacré pour l'analyse et la conception. Quant au dernier chapitre il va décrire les différentes étapes de la réalisation. Ce rapport s'achève par une conclusion générale et quelques perspectives d'amélioration.

Chapitre 1

"L'erreur la plus courante que font les analystes est de produire une conception approximative plutôt que de formuler les besoins".

Dijkstra

Chapitre 1 : Etude fonctionnelle du projet

Introduction

Au terme d'une réunion par Skype entre le gérant des portefeuilles chez Amundi, mon encadrant, et moi, nous convenions que le projet que nous avons la responsabilité de réaliser consiste au premier lieu de chercher et caractériser les fonctions offertes au sein du groupe dédié aux gestion des fonds d'investissements afin de les bien déterminer, classifier et les prioriser pour pouvoir concevoir une solution robuste permettant de répondre et satisfaire les besoins exprimés.

En effet, cette phase est généralement conduite pour décrire la démarche suivie pour la création et la conception du prototype de notre application, puis la reconception et l'optimisation de ce dernier.

Tout d'abord, le premier but de ce chapitre est de présenter notre projet dans son cadre général en citant son contexte et de mettre en évidence l'objectif principal de l'organisme qui est l'intervenant principal impliqué dans le travail que nous désirons réaliser avec application et rigueur.

Ensuite, une étude préalable du projet nous permet de recueillir suffisamment d'informations sur le système actuel par une maîtrise de ses fonctionnalités et rôles dans le domaine de gestion financières des actifs, autrement dit la gestion des fonds d'investissements. Par ailleurs en fonction de cette étude de l'existant, nous pouvons donc déceler le fond du problème où découle l'importance de ce qui suit étant comme une solution adéquate pour remédier les critiques, et dégager la problématique confrontée.

Enfin, une spécification des besoins en détail nous permettra par la suite d'intervenir d'une manière plus efficace, de cerner le sujet dans son contexte et d'arriver à délimiter le champ du travail par la distinction de la meilleure méthode à concevoir et à intégrer comme notre clef de modélisation de ces besoins.

Une fois que cette modélisation est bien élaborée, notre vision sur le projet s'est éclaircie, il est possible donc d'énumérer les fonctionnalités de notre projet et de les planifier par taches suivant la méthodologie de travail définie.

1. Présentation du projet

La difficulté majeure dans la conduite d'un projet informatique s'agit dans la complexité de le bien mettre dans son cadre général. Pour cela, il faut réussir à bien comprendre le contexte du projet et d'acquérir une méthodologie pour détailler les besoins du point de vue de l'utilisateur et du point de vue du développeur.

Dans le but de nous mettre au cœur des activités professionnelles, un stage s'avère indispensable, exergue afin de mettre en exergue les connaissances théoriques assimilées et les connaissances acquises durant notre formation au sein de la FSDM. Pour notre part, il nous a été permis d'effectuer un stage à WIDE & WISE VISION (WWV) en convention avec une équipe dédiée à la gestion des fonds au sein du groupe Amundi de Paris qui vient qui vient de couronner notre formation afin d'être prêt à s'intégrer dans le cercle de la vie professionnelle. Les connaissances pratiques et théoriques acquises et les travaux que nous avons effectués durant ce stage seront relatés en détail dans ce rapport.

1.1. Contexte du projet

Dans nombreux cas la mise du projet dans son contexte est remplacée par un simple rapport verbal fait suite à une réunion : « Nous avons besoin de réaliser tel ou tel projet car... ». Inutile de dire que nombre d'informations se perdent en route et qu'il faudra probablement réitérer plusieurs fois pour apporter enfin toutes les bonnes réponses, ce qui augmente les délais. [2]

Dans cette partie, nous donnons une vision globale du projet, sa problématique ainsi que son cadre général. C'est une pré-étude avec notre encadrant qui nous a permis de jeter les premières bases avant de se lancer dans des études plus poussées.

Nous définissons l'origine de la demande ainsi que les limites du besoin en établissant le « Pourquoi ? » et en restant clair, concis mais néanmoins complet. Il convient d'examiner la phase d'identification du projet qui est essentielle pour nous.

« Ce qui se conçoit bien, s'énonce clairement !! »

Il est important donc de bien connaitre le milieu en faveur duquel le projet doit être réalisé. Ce travail s'inscrit dans le cadre de la mise en pratique des connaissances acquises lors de notre cursus universitaire à la Faculté des Sciences Dhar El Mehraz (FSDM), Fès. [3]

Il ambitionne de parfaire ces connaissances au regard des contraintes réelles du monde de la gestion dans une équipe dédiée à la réalisation de ce projet.

Ce projet consiste à intégrer le Big data et le Machine Learning en finance par une indexation, extraction, visualisation et analyse de données des reportings des fonds à travers la technologie Big data.

Une équipe dédiée à la gestion des fonds au sein d'une société de gestion de portefeuilles « Amundi » à Paris nous a proposé de s'impliquer dans la réalisation de ce projet en convention avec la Société « Wide & Wise Vision ».

Représentée par ses trois membres, Gérant de portefeuille, Gérant des fonds, Responsable informatique et Conseiller en investissement : les constituants de l'idée originale du projet de point de vue financière, ils ont soumis leurs besoins à notre encadrant Mr. Azough qui a formé une conceptualisation technique du travail demandé par les initiateurs de ce projet.

Après une élaboration conceptuelle des besoins fonctionnelles et techniques, le projet est sous-traité en convention de stage avec la société « Wide & Wise Vision (WWV) ».

Nous nous étions engagés d'entamer le projet au début du Janvier 2018 en consacrant l'exclusivité de notre temps et de nos activités à la réalisation de ce projet et en s'occupant de satisfaire nos clients afin de livrer notre produit final vers fin Juin 2018.

1.2. Motivation et Impact

La motivation est un élément essentiel à la réussite d'un projet informatique : alliée à la compétence, elle nous permet de réaliser nos objectifs. En fait, la motivation, c'est le moteur, et l'énergie qui nous fait bouger. [4]

Premièrement, le fait de relever le défi de nous prendre dans un nouveau domaine loin de l'informatique était toujours parmi nos attentes et nos aspirations pour intégrer le monde de la Finance ou bien la gestion financière.

Deuxièmement, une des tendances les plus en vue dans le domaine de l'informatique et qui concerne tous les secteurs de développement c'est le Big Data et Machine Learning, donc leur intégration dans le monde économique et financier nous demande de faire tout notre mieux et notre possible de bien comprendre la problématique et de proposer de nouvelles solutions innovantes et performantes pour laisser notre contribution.

Pour nous le Big data était toujours notre domaine souhaité à découvrir avec application et rigueur dans un projet qui sert à transformer les data de la finance en valeurs ajoutées et en profits.

Voici les points qui résument notre motivation et l'impact que nous avons eu sur le projet :

- Volonté partagée : Tous les intervenants veulent savoir comment le Big data s'impose dans la finance, son impact sur la gestion des fonds et quels sont ses apports à la finance.

- Objectifs communs : bénéficier de possibilités qui peuvent s'offrir au monde de la finance lorsque l'on combine avec le Big data.

- Intégrer le monde professionnel : Etre désireux de se réaliser professionnellement dans un projet a une valeur ajoutée peut offrir de nombreuses opportunités au futur.

1.3. Wide & Wise Vision

Figure 1: Logo WWV

Wide & Wise Vision est une start-up fondée en Avril 2018, ayant son siège social à Rabat au Maroc. Créée et dirigée par Fatima Zahra KAGHAT, la société se spécialise dans la recherche et le développement de solutions de Big Data, d'intelligence artificielle et de réalités étendues. La société est en cours de montage de contrat de collaboration avec l'université USMBA, le CNAM de Paris et le laboratoire LIRIS à Lyon pour le transfert de technologies, le soutien à la recherche et la valorisation des productions scientifiques.

Wide & Wise Vision mène en ce moment trois projets :

- Le premier est **VAR4iTourism**, qui vise la promotion de l'héritage et du tourisme culturel à travers les technologies des réalités augmentée, virtuelle et mixte. Le projet VAR4iTourism a été sélectionné en Mai 2018 par l'association R&D Maroc comme l'un des meilleurs projets innovants à fort impact socio-économique qui lui ont été présenté. Ce projet a également acquis le soutien de la commune de Fès en la personne de son président de conseil.
- Le deuxième projet est **EyeNet**, qui vise le développement d'un réseau de caméras de surveillance intelligentes interconnectées couplées avec des algorithmes puissants d'apprentissage profond, d'IA et de Big Data.
- Le troisième projet est **DocView**, qui vise le développement de solutions d'extraction, d'analyse et de visualisation de documents non structurés dans les domaines de finance, de santé et de justice à travers des algorithmes de Big Data et d'IA. Le travail présenté dans ce rapport s'inscrit dans le cadre de ce troisième projet DocView.

Wide & Wise Vision est composée de trois pôles :

- Le pole **innov'** responsable de la création de projet d'innovation et de la gestion des contrats de collaboration avec les laboratoires de recherche
- Le pôle **prod'** responsable du développement de produits finis prêt à être mis sur le marché.
- Le pôle **admin'** responsable de la gestion administratif et financière de la société

1.4. Amundi

Figure 2: Logo Amundi

Amundi, une société de gestion d'actifs mondiale cotée leader en France et en Europe. Elle est devenue la référence des réseaux de banques de détail en Europe et en Asie. Créée en 2010, Amundi affiche une croissance et un historique de performance remarquables. Sa culture d'entreprise, son modèle ouvert et évolutif ainsi qu'un vaste éventail des expertises de gestion ont prouvé sa capacité de développement rapide. [5]

Amundi est un acteur mondial de la gestion d'actifs se classe 1er acteur européen avec plus de 1 000 milliards d'euros d'actifs sous gestion au plan mondial. Il dispose de centres de gestion couvrant les principales places financières en Europe (Paris, Londres, Milan), en Asie (Japon, Hong-Kong, Singapour) et aux USA.

Avec une présence locale forte, Amundi affirme sa proximité auprès de ses clients et s'engage dans la durée à leurs côtés.

Son dispositif commercial permet de leur offrir :

- Un interlocuteur proche à leur écoute afin d'élaborer et de proposer des solutions d'investissement spécifiques répondant à leurs besoins.

- Un service clientèle d'excellence sur toute la chaîne de valeurs caractérisé par la qualité, la réactivité et l'efficacité.

Amundi est le premier asset manager européen en termes d'actifs sous gestion, et se classe dans le top 10 mondial avec l'acquisition de Pioneer Investments, le Groupe gère désormais plus de 1 450 milliards3 d'euros et compte six plateformes de gestion principales4.

Amundi offre à ses clients d'Europe, d'Asie Pacifique, du Moyen-Orient et des Amériques une large gamme d'expertises et de solutions d'investissement en gestion active, passive et en actifs réels et alternatifs. Ayant son siège social à Paris et cotée en Bourse depuis novembre 2015, Amundi est la 1ère société de gestion d'actifs européenne en termes de capitalisation boursière5.

Avec un périmètre élargi, Amundi peut proposer à ses clients une gamme enrichie d'outils et de services. Grâce à ses capacités de recherche uniques et au talent de plus de 4 700 collaborateurs et experts des marchés, basés dans 37 pays.

❖ **Objectifs et services**

Le groupe Amundi a comme objectifs :

- Fournir les meilleures solutions possibles à sa clientèle dans le monde entier, Des produits, services et solutions qui couvrent l'ensemble du spectre des stratégies d'investissement.

- Un vaste éventail d'expertises par la proposition des solutions et stratégies d'investissement extrêmement diverses et variées qui répondent aux attentes et au profil de risque de chaque client.

- Un modèle de services centré sur les clients pour gagner la confiance de plus nombre possible de particuliers, d'entreprises et d'investisseurs institutionnels dans le monde entier.

- Offrir à tous un service de proximité de grande qualité et conçoit pour chacun des stratégies et solutions d'investissement innovantes, adaptées à leurs besoins, objectifs et profils de risque.

Au niveau de la gestion des fonds Amundi propose des solutions permettent de répondre rapidement aux enjeux que sont :

- La mise en conformité règlementaire de la chaîne d'exécution
- L'accès à la liquidité et à des intermédiaires de qualité sélectionnés sur les principaux marchés
- La recherche des meilleurs prix d'exécution générateurs d'Alpha pour les fonds
- La maîtrise des coûts

Le groupe Amundi propose des services permettent aux Asset Managers et aux Asset Owners d'externaliser une grande partie de leur chaine opérationnelle en capitalisant sur la plateforme performante et économique du leader européen de la gestion d'actifs.

Les offres s'appuient sur des outils mais également sur des équipes dont l'expertise permet de fournir des solutions complètes et intégrées par :

- Le traitement volumineux de données financières
- La capacité à les enrichir

Figure 3: Services Amundi

❖ Organigramme de l'entreprise

L'organigramme est une représentation schématique, un graphique permettant de représenter :

- L'ensemble de la structure d'une entreprise ou d'un service.
- L'ensemble des liens fonctionnels, organisationnels et/ou hiérarchiques d'une entreprise ou d'un service.

L'organigramme sert à visualiser l'organisation. Il sert aussi à partager la même vision de l'organisation des tâches au sein d'un programme, il fournit des informations de deux ordres :

- Des éléments relatifs aux organes : pour chaque service on indique la fonction exercée et le nom du responsable du service.

- Des éléments relatifs à la hiérarchie : il met l'accent sur les liaisons hiérarchiques, fonctionnelles ou de coopération. Ainsi les organes se différencient mieux les uns des autres.

La chaine d valeur d'Amundi est un ensemble de solutions et services conçues par un asset manager pour des asset managers. Elle confie tout ou partie de fonctions supports et vous consacre à la stratégie, à la recherche de performance et à la commercialisation :

- ➢ La Direction générale
- ➢ Equipe de distribution/clients
- ➢ Une équipe de génération d'Alpha
- ➢ Groupe de contrôle et opérations
- ➢ Equipe d'exécution des fonctions externes
- ➢ Une Equipe dédiée à la gestion des services

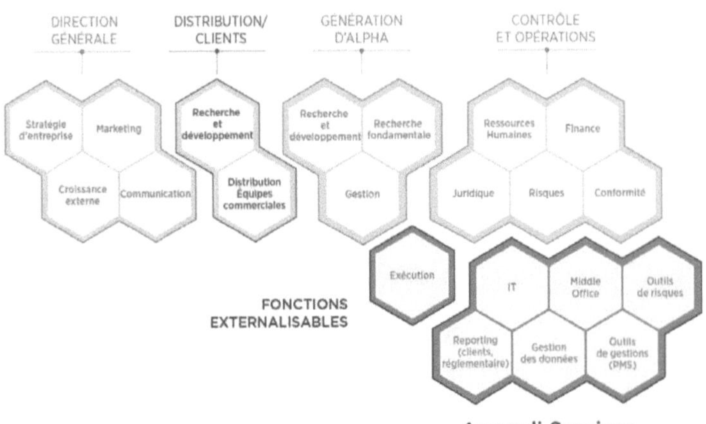

Figure 4:Ogranigramme Amundi

2. Etude préalable du projet

Cette étude sera consacrée à la description du travail actuel effectué par l'équipe de gestion des fonds, elle sert à déterminer ses points forts et ses défaillances. En fonction de cette critique de l'existant on peut déceler le fond du problème et trouver une solution adéquate pour y remédier.

De la qualité de cette critique dépendra la suite de l'étude à entreprendre et découle l'importance de ce qui suit, nous dégageons la problématique afin de rendre notre objectif plus clair et moins ambigüe.

En outre, nous avons l'audace de dire qu'il y a une idée sur ce qu'il faut faire, mais cette idée doit être validée de point de vu de la faisabilité du plan technique effectué par nous et du plan financier effectué par le client pour rationaliser notre futur développement et nous permettre de prendre les bonnes décisions.

Notamment, tout projet commence par cette étude préliminaire, pour le but de recueillir suffisamment d'informations sur l'existant, tracer les démarches pour conduire un projet qualitatif en accommodant aux contraintes de qualité dans un temps important et avec un cout minimal.

Puis, nous abordons cette problématique dégagée en concevant une architecture de la solution proposée.

Enfin, l'étude préalable dans un contrat informatique intervient avant la phase d'expression des besoins. Elle permet d'étudier l'opportunité du projet informatique comme une étape importante puisque la rédaction du cahier des charges se fait à partir des objectifs identifiés dans cette phase.

2.1. Etude de faisabilité et d'opportunité

Nous, responsables de la bonne conduite de la réalisation de ce projet, demandons toujours si notre projet peut réussir. Si la réponse est non, nous ne devrions pas commencer cette mission. De la même manière, si la réponse est qu'il y a une très faible probabilité qu'il aboutisse, il ne se fera surement pas. Il faut examiner donc notre possibilité technique comme un aspect du projet qui entraine le succès et l'échec du notre projet.

Cet examen est une étude de faisabilité formelle qui permet de filtrer les idées du projet, recueillir les informations et documents nécessaires, d'identifier les principaux acteurs et utilisateurs ciblés et leurs attentes, d'exposer les services prévus, fournir un schéma global du travail et d'évaluer la rentabilité du projet. [6]

Cette étude est toujours essentielle et bénéfique pour commencer un projet, elle donne une idée claire de notre mission, nous appréhendons mieux, les parties prenantes, nous prenons les meilleures décisions concernant le projet. Ceci dit : Elle améliore le taux de réussite par la spécification de :

- Origine du projet : l'idée initiale, description du contexte.
- Définition du projet : Spécifier les attentes et les besoins à satisfaire
- Déterminer les acteurs principaux et utilisateurs potentiels du projet.
- Les objectifs visées, les principales contraintes à respecter
- Quantifier si possible les objectifs et définir leurs ordres de priorité
- Présenter les études déjà effectuées et les résultats obtenus
- Evaluer l'existent et dégager une problématique
- Proposer des solutions techniques envisageables
- Estimer les moyens nécessaires pour cette réalisation : temps, cout, qualité
- Etudier l'impact du projet sur l'entreprise, et l'intérêt par rapport à l'orientation stratégique de l'entreprise.
- Anticiper les risques encourus dès le début

Etude réaliste : projection sur notre projet

- L'origine du projet : une équipe dédiée à la gestion des fonds et construction des portefeuilles d'investissements au sein d'Amundi.

- Définition du projet : la mise en place d'un outil permet d'automatiser cette gestion par un traitement de données massives.

- Les acteurs principaux du projet sont : Le gérant des fonds, gérant de portefeuille, responsable informatique et les réalisateurs du projet : l'entreprise WIDE & WISE VISION (WWV), Chef du projet « Notre encadrant » et le développeur « moi-même ».

- Les études déjà effectuées : Nous allons les décrire dans la partie description de l'existant. Ainsi les résultats obtenus.

- Les objectifs par ordre de priorité seront traités dans le cahier des charges, l'objectif principal est de proposer une solution optimale pour remédier à la problématique actuelle. Toutes les études seront décrites dans les phases suivantes.

- Les délais de conception et de réalisation sont planifiés en 5 mois de travail qui sera bien détaillé dans la partie planning du projet.

- Comme une étude d'opportunité, nous pouvons annoncer que notre concept est viable, techniquement réalisable, le projet sera rentable, et par la suite notre décision est faisable.

- La suite de notre étude donc sera faite suivant ce schéma [7] :

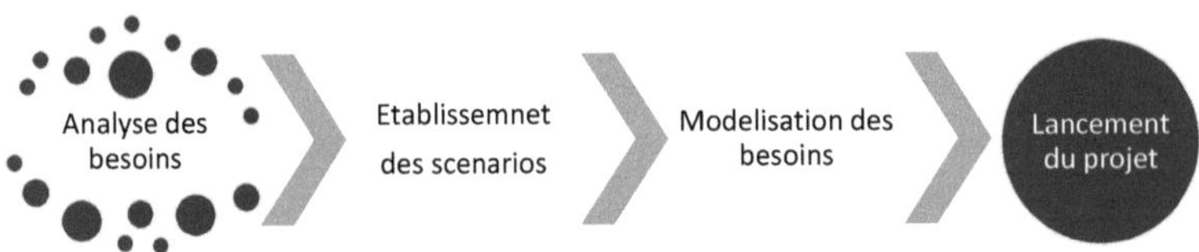

Figure 5: Démarche du projet

2.2. Etude de l'existant : Système actuel

Après avoir présenté le projet dans son cadre général, et après avoir faire l'étude de faisabilité et d'opportunité, nous passerons maintenant à une étude critique et comparative du traitement de données au sein du groupe de gestion des fonds d'investissement afin d'introduire notre solution proposée.

Cette description est la première phase du processus unifié. Elle a pour but ultime la clarification du champ de travail de notre projet. C'est une étape importante de développement d'un projet informatique. Elle se place dans le cadre d'un schéma directeur où elle est précédée par une étape de diagnostic.

Elle s'agit donc d'une étude et d'une conception globale mais laissant la possibilité de détailler certains points. Cette étape commence par l'analyse de la situation actuelle et permet de proposer une architecture globale de la solution, en tenant compte des orientations de gestion d'organisation et de choix technique.

Nous, comme concepteurs de notre projet, cette phase nous permet de :

- Définir et situer les failles à combler
- Dégager les besoins
- Comprendre la nature des problèmes à résoudre,
- Proposer les solutions futures les plus convenables pour améliorer le système existant.

Le problème posé actuellement au niveau du service de traitement des reportings des fonds, c'est que le traitement des données massives qui sont issues de différentes sources, et qui ont des formats divers et sur beaucoup de supports se fait d'une manière manuelle et traditionnelle.

Et comme le nombre de traitements est en croissance qui implique l'augmentation des nombres de taches à effectuer quotidiennement, cette situation est devenue inutile et fatigante. Ce qui nécessite de mettre en place une nouvelle gestion alternative qui propose un mode de travail plus adapté à l'individu et à l'ensemble du personnel de cette équipe.

Ce qui existe déjà sur le même thème a donné satisfaction tant que le volume de données est borné par un traitement facile et rapide, mais maintenant nous sommes obligés d'explorer une infinité de ressources sur le web tous les jours et de scruter une centaine des fonds tous les mois.

Nous résumons maintenant une présentation générale des fonctionnalités et les réalisations actuelles pour pouvoir mettre en évidence les points forts et les points faibles de l'existant.

Pour la partie extraction de données à partir des documents :

- Navigation très fréquente sur le web pour chercher des reportings des fonds publiés par les organisations financières de gestion.

- Filtrer la recherche manuellement pour chaque reporting par son code ISIN et par sa catégorie. Puis le télécharger sous format PDF.
- Ouvrir chaque document séparément, le traiter séparément, récupérer les informations requises l'une après l'autre et ainsi de suite.
- Comparer les données extraites pour chaque fond puis les importer aux outils de visualisation classiques pour une étude comparative d'une manière plus lisible.
- Construire un profil de risque pour chaque investisseur, faire des prédictions et prendre des décisions en s'appuyant sur les résultats obtenus.

Voir la schématisation du cycle de vie de cette manipulation fastidieuse qui se répète à chaque fois de la même manière assommante :

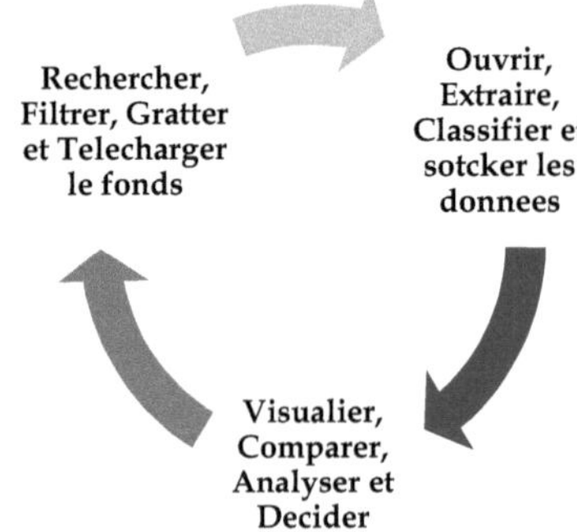

Figure 6: Processus Crawler et Scraper

Pour la partie extraction de données à partir des sites web :

- Visiter tous les jours les sites d'organisations financières qui publient quotidiennement la valeur liquidative des actifs.
- Récupérer chaque valeur correspondante à chaque catégorie, d'une manière itérative
- Stocker les données extraites, les classifier dans un fichier Excel puis faire une étude comparative (visualisation).

➢ Mesurer un profil de risque et construire un portefeuille pour chaque investisseur.

Voir la schématisation du cycle de vie de cette manipulation fastidieuse qui se répète à chaque fois de la même manière assommante :

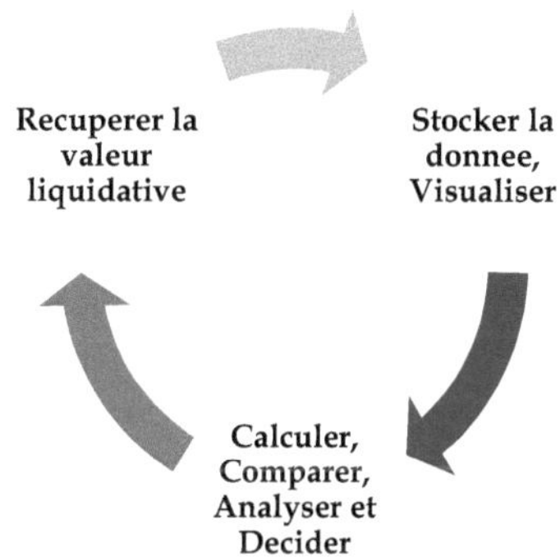

Figure 7: Processus Extractor

- Il est évident maintenant et sans aucun doute que l'existant présente un certain nombre d'insuffisances et limites qui ne peuvent être réglées qu'avec une refonte robuste du système actuel.

2.3. Problématique et critique

Comme nous venons de voir dans la phase précédente, la situation actuelle connait pas mal d'insuffisances et de carences, ces lacunes sont très signifiantes et considérables permettent d'énumérer plusieurs inconvénients parmi lesquels :

- Une gestion des fonds généralement traditionnelle, vielle et dépassée.
- Un traitement lent, fastidieux et fatigant
- Une recherche de données spécifiées dans les documents est très lassante.
- Une extraction manuelle non fiable donne des résultats estimatifs.
- Une visualisation approximative et restreinte.
- Un stockage limité sur des fichiers Excel, difficile à manipuler.

Et d'autres problèmes majeurs que l'équipe de gestion des fonds d'investissement rencontre fréquemment nécessite la proposition d'une solution robuste et optimale.

2.4. Architecture globale de la solution

Après une étude approfondie de l'existant, nous avons formulé une problématique pertinente nous a permis de guider notre axe de réflexion sur le projet, et de tirer le fil conducteur de notre solution à proposer.

Et vu la nécessité d'aborder cette problématique nous envisageons de faire une refonte complète de l'existant par la :

- Mise en place d'un outil puissant pour l'indexation des ressources sur le web
- Mise en place d'un outil puissant pour l'extraction des informations nécessaires à partir des reportings.
- Mise en place d'un outil puissant pour le stockage de données extraites du web ainsi de documents.
- Proposer plusieurs supports de stockage pour la raison de la réutilisation de ces données.
- Mise en place un outil puissant pour la visualisation des informations pertinentes.
- Faciliter la prise des décisions à l'aide d'un apprentissage des méthodes comparatives.

→ Cette architecture nous permettra d'améliorer les conditions de travail et d'augmenter le taux de la productivité.

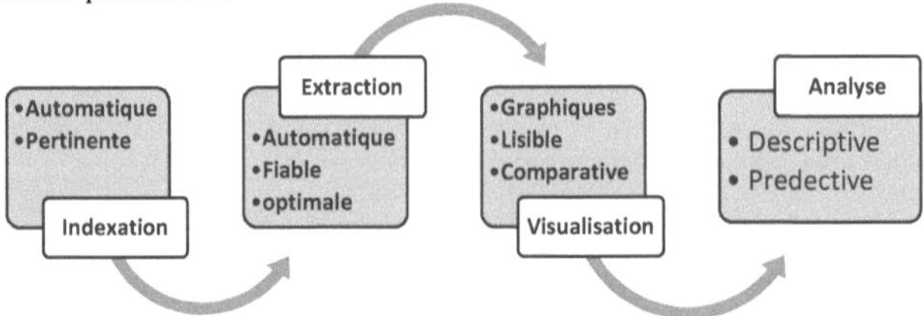

Figure 8 : Architecture globale de la solution

2.5. Principes à suivre

Cette étude préliminaire que nous venons d'établir nous a permis de déceler le fond du problème, il reste de recueillir suffisamment d'informations sur les spécifications fonctionnelles du projet la mise en place d'un outil de traitement automatisé est maintenant une nécessité incontournable et inévitable permettant :

- L'optimisation de la recherche : souple et efficace
- L'optimisation de l'extraction : exacte et pertinente
- Classification et filtrage de données par catégorie : pratique et significative
- Stockage extensible, formats consommables : plusieurs fournisseurs de BDs
- Archivage sécurisé et facile à récupérer : Points de restauration
- Outil automatisé, fiable, performant et évolutif

3. Spécification des besoins

Dans cette section du chapitre, les besoins du client seront exposés à travers les spécifications exprimées afin d'aboutir à la mise en place d'un outil performant et satisfaisant à la hauteur de l'attente du client et de ses intervenants.

Pour cela nous devons établir une analyse détaillée de ce qui est exprimé par le client pour éviter les mauvaises interprétations, les prétentions hâtives et qui servira par la suite à continuer la conception qui correspond le plus aux besoins réels du client en essayant de formuler une réponse au problème posé par le client. Nous distinguons dans cette analyse les besoins fonctionnels des besoins non fonctionnels.

3.1. Analyse des besoins

Les besoins fonctionnels sont les besoins qui caractérisent le comportement d'entrée et de sortie de nos outils, tout ce qui est fonctions, de ce qu'ils font et pourquoi ils sont faits :

- **Contexte :**

L'idée est de faire connaissance sur les possibilités d'intégrer du Big data/Machine Learning sur un projet déjà avancé de construction de portefeuille pour investisseur. Nous te proposons une 1^{ière} coopération sur la réalisation d'un algorithme qui pourrait être résumé dans les grandes lignes suivantes :

- Cherche et stock les reportings de fonds. Un fonds peut être retrouvé soit par son nom, son code ISIN, ou encore son code SEDOL. Il doit aussi être capable de chercher tous les fonds qui appartiennent à une catégorie donnée avec des critères donnés. (Exemple : chercher tous les fonds actions US qui ont un Track record supérieur à 3 ans).

- Récupère et affiche les données suivantes de chaque fond :

  - Dernière VL, performance mensuelle, trimestrielle, YTD, 3 ans, 5 ans et depuis le lancement
  - Les données de risque : volatilité 1 an et 3 ans ; perte maximale
  - Ratio Sharpe, Ratio d'information
  - L'exposition de chaque fonds aux marchés : actions, taux, crédit et monétaire (par zone géographique si possible).

- Classe les fonds par niveau de performance ; de risque ; de rendement/risque ; d'exposition à un marché donné ; par catégorie (actions, taux, alternatif, mixte).

❖ **Schématisation :**

- Récupération des reporting mensuels en format PDF
- Analyser le PDF
- Extraire les éléments pertinents du PDF
- Extraire les éléments écrits
- Analyse des textes extraits du PDF
- Rendu sous format consommable sur le web

❖ **Méthode :**

Le fournisseur doit revenir vers le client sur l'approche la plus appropriée à la réalisation du travail.

❖ **Résultats :**

Les résultats doivent permettre à terme la réalisation d'une tache totalement automatisée avec une grande capacité de traitement en nombre de fonds analysés et surtout pouvoir enrichir facilement les demandes.

Les besoins non fonctionnels sont les caractéristiques et contraintes techniques qui caractérisent nos outils :

- **Fiabilité** : l'extracteur doit fonctionner correctement sans erreurs et défaillances.
- **Efficacité** : l'extracteur doit permettre l'accomplissement des taches avec le minimum des manipulations.
- **Performance** : l'outil doit être performant au niveau de l'exécution, traitement de plusieurs taches.

3.2. Mission et contraintes

❖ **Mission :**

La mission de notre projet est de trouver la méthodes adéquate et appropriée à appliquer pour répondre au problème posé par le client par :

- Mener une série d'études pour établir la liste des besoins techniques.
- Concevoir les résultats attendus du point de vue technique.
- Prévoir le temps nécessaire pour le premier livrable.
- Trouver les outils et technologies pour cette réalisation.
- Spécifier la démarche technique à suivre pour cette réalisation.
- Valider l'orientation du projet, liaison entre les organismes, réunions régulières
- Prendre la responsabilité de l'engagement et du suivi après la dernière livraison (Maintenance).

❖ **Contraintes :**

Après avoir décrire d'une manière précise notre mission, activité clientèle, collecter un certain nombre d'informations nécessaire et nous avons recensé l'ensemble des exigences du projet, nous citons maintenant les contraintes et leurs impacts sur le projet.

Pour communiquer sur l'état de notre projet, nous le présentons tout simplement en fonction de trois paramètres : le cout, le délai, et la qualité étant interdépendants, réduire ou augmenter l'importance de l'un a un impact direct sur les autres.

Cela permet d'expliquer aux parties prenantes du projet que l'on ne peut pas modifier l'un des paramètres sans affecter au moins l'un des autres.

Il faut donc :

- Produire de la qualité : Un produit qualitatif
- Maitriser les couts : Un produit moins cher
- Respecter les délais : Livraison rapide, être ponctuel et professionnel pour la livraison dans le temps déterminé au début du projet.

3.3. Résultats attendus

Nous envisageons comme résultats de notre réalisation :

- Un web crawler pour indexer les ressources requises sur le web

- Un web scraper pour extraire des informations spécifiées sur le web.
- Classifier et stocker les données extraites sur des pages web dans un format consommable par des applications web généralement des fichier JSON.
- Un web scraper pour chercher les reportings sur le web puis les télécharger sous format PDF.
- Un extracteur pour récupérer des données spécifiques dans le document.
- Classifier et stocker les données extraites dans le document PDF dans un format consommable par des applications web généralement des fichiers JSON.
- Visualiser les résultats, une étude critique et comparative.
- Effectuer des analyses descriptives et prédictives sur notre base de données extraites.

→ On peut distinguer clairement que cette réalisation comprend deux types de traitements : un traitement qui concerne la partie Web et un traitement qui concerne les reportings des fonds sous formats des documents PDF.

3.4. Cahier des charges

La conception d'un outil de gestion d'actifs commence inévitablement par la rédaction du cahier des charges.

C'est un document conçu par l'entreprise qui lui permet de choisir un prestataire et d'organiser sa relation avec lui. Il permet de définir les rôles de chacune des parties prenantes pendant la mise en place du projet.

Le but du cahier des charges est d'analyser les objectifs de l'entreprise pour adapter les solutions à leurs besoins.

L'idée est de pouvoir formaliser les besoins de manière synthétique afin de s'assurer de la bonne compréhension du projet par l'ensemble des intervenants.

Le cahier des charges va nous permettre d'exprimer nos besoins afin de pouvoir consulter notre client en déterminant tous les points nécessaires.

❖ **Objectif :**

L'objectif du projet est la mise en place d'un outil de recherche et de traitement et de visualisation de données à partir du web ou d'un support numérique contenant plusieurs formats de données (textes, graphiques et tableaux). Ainsi d'effectuer un traitement de ces données volumineuses (Big Data) avec des environnements informatiques distribués.

- **Contexte :**

L'idée du projet est proposée par une équipe dédiée à la gestion des reportings des fonds d'investissement au sein du Groupe Amundi à Paris en France et en convention avec la Société WIDE & WISE VISION (WWV) de Rabat au Maroc. Cette dernière a sous-traité ces spécifications pour nous pour le développement de ces outils.

- **Objectifs et besoins :**

Nous pouvons décomposer la démarche de réalisation comme suit :

- **Traitement sur le Web : recherche de documents et données**

→ Recherche les reportings de fonds : Crawler/Scraper des documents

L'outil devra dans un premier temps rechercher et récupérer des reportings de fonds. Ces derniers sont des documents publiés périodiquement (en général mensuellement) par les sociétés de gestions.

Ils présentent la philosophie d'investissement du fonds et affichent des données de performance et de risque ainsi qu'un commentaire expliquant les décisions de gestion prises lors de la période.

Ce document permet donc d'expliquer les raisons qui ont poussé le gérant à l'achat ou la vente un actif donné et surtout pourquoi le fonds a gagné ou perdu de l'argent.

La recherche pourra se faire en utilisant les données suivantes :

- Le code ISIN (International Securities Identification Numbers) : il s'agit d'un identifiant unique propre à chaque actif financier (exemple : FR0010557967)
- Le nom du fonds (exemple : Dorval Convictions)

La recherche du reporting peut se faire soit :

- Dans le site officiel de la société de gestion (exemple : www.dorval-am.com)
- Dans d'autres sites spécialisés dans la collecte de données sur les fonds (exemple : www.morningstar.fr)

→ Recherche les reportings de fonds : Crawler/ Scraper de données

L'outil devra rechercher et récupérer aussi la Valeur Liquidative publiée quotidiennement par les entreprises de gestion.

Cette valeur doit être extraite sur des pages web tous les jours par catégorie :

- Gestion d'action
- Gestion mixte
- Gestion de taux

- Gestion profilée

- **Traitement sur les documents : recherche des données spécifiques**

Après avoir trouvé la recherche de documents, il faut les télécharger puis, effectuer une recherche de données spécifiques dans le document sert à trouver les données (non exhaustives) que l'outil devra chercher dans un reporting :

- L'actif net du fonds : c'est la somme de la valeur des actifs détenus par le fonds moins la somme des valeurs des dettes moins les frais non encore perçus par le gérant. Par exemple, un fonds détenant 1000 actions Maroc Télécom qui vaut 130 DH et 1000 actions de Crédit du Maroc qui vaut 500 DH aura un actif de 630 000 DH (en supposant que les frais de gestion sont nuls et que le fonds n'a pas de dettes).

- La valeur liquidative du fonds (VL) : C'est le prix d'une part du fonds. Il est calculé en divisant la valeur de l'actif net du fonds par le nombre de parts. Par exemple, si l'actif du fonds est de 100 millions d'Euros et il y a 1 millions de parts alors la VL du fonds est égale à 100 Euros. En d'autres termes, la VL est la valeur d'une part d'un fonds.

- La performance du fonds sur différentes périodes : il s'agit d'extraire le rendement du fonds depuis le début de l'année (YTD : Year to Date), depuis 1 an, 3ans et 5 ans.

- La volatilité du fonds 1 an, 3 ans et 5 ans : c'est l'écart-type annualisé des rendements du fonds. C'est une mesure de la dispersion des rendements autour de leur moyenne. Plus la volatilité est élevée, plus le fonds est supposé risqué.

- Le Ratio Sharpe 1 an, 3 ans et 5 ans : il est égal à l'écart de rendement du fonds et celui d'un placement sans risque divisé par la volatilité du fonds. C'est un indicateur qui donne le rendement espéré d'un fonds pour une unité de risque. Par exemple, si nous devons choisir entre deux fonds F1 et F2 (on suppose que le taux d'un placement sans risque est nul) avec F1 qui a un rendement de 1% avec une volatilité de 1% et F2 ayant un rendement de 10% et une volatilité de 20% alors le choix sera porté sur le fonds F1 car il a un ratio de Sharpe de 1 (1%/1%) tandis que celui de F2 est égal à 0.5 (10%/20%). En d'autres termes, si nous mettons 1% de risque dans F1 nous espérons avoir un rendement de 1% par contre si nous mettons 1% de risque dans F2 alors notre espérance de rendement est de 0.5% seulement.

- Perte maximale : il s'agit de la perte maximale que le fonds a enregistré sur une période donnée.

- Exposition Actions : c'est la part du fonds exposée aux marchés des actions.

- Exposition Obligations : c'est la part du fonds exposée aux marchés des obligations d'Etat.

- Exposition Crédit : c'est la part du fonds exposée aux marchés des obligations des entreprises (obligations corporate).

- **Traitement et affichage des données récupérées :**

Les données récupérées seront stockées, dans un premier temps, dans une base de données sous format consommable par les applications web.

- **Visualisation des données récupérées :**

Les données récupérées seront visualisées sur des interfaces graphiques, pour pouvoir faire des études critiques et comparatives des résultats obtenus.

- **Analyse des données récupérées :**

Les données récupérées sont stockées sur une base de données structurée, cette alimentation nécessite d'appliquer les algorithmes de data analysis et data mining pour pouvoir les transformer en profits ($) par une analyse descriptive puis une analyse prédictive.

- **Traitement Big Data avec Hadoop:**

Quand le nombre de reportings à traiter et de données à récupérer augmente, cette croissance et augmentation demande un traitement de données volumineuse à l'aide des technologies Big data : Hadoop et Spark.

4. Glossaire

Dans cette section nous allons définir les principaux termes spécifiés dans les besoins comme les mots techniques en relation directe avec notre projet.

4.1. Gestion d'actifs

La gestion d'actifs financiers, aussi appelée gestion de portefeuille ou Asset Management en anglais, consiste à gérer des capitaux ou des fonds confiés par des investisseurs afin de réaliser un revenu plus ou moins important et d'enregistrer des plus-values sur une durée plus ou moins longue en investissant dans les actions, les obligations, les sicav de trésorerie, les fonds de couverture etc. [8]

Cette gestion doit se faire en respectant les obligations règlementaires et contractuelles et en appliquant des stratégies d'investissements définies en interne, afin de dégager le meilleur rendement possible en fonction du risque choisi.

On distingue en effet plusieurs types de gestion de portefeuille se différenciant par leur nature juridique, dont :

- La gestion collective

- La gestion sous mandat
- La gestion conseillée ou assistée
- La gestion pilotée.

Il existe par ailleurs différents produits sous gestion et par conséquent différents styles de gestion :

- La gestion d'actions
- La gestion de produits de taux
- La gestion diversifiée
- La gestion alternative

❖ **Fonds d'investissement :**

Un fonds d'investissement est un placement collectif qui recueille l'épargne d'un grand nombre d'investisseurs, afin de la placer globalement dans des valeurs mobilières (actions, obligations et instruments du marché monétaire).

Les fonds sont gérés par des professionnels (des gestionnaires de fonds) et permettent ainsi d'investir dans des titres sans forcément disposer de capitaux importants. [9]

❖ **Portefeuille :**

Un portefeuille se définit comme un regroupement d'actifs. La gestion de portefeuille consiste à constituer des portefeuilles puis à les faire évoluer de façon à atteindre les objectifs de rendement définis par l'investisseur, tout en respectant ses contraintes, en termes de risque et d'allocation d'actifs. [10]

4.2. Crawler

Figure 9: Logo Crawler

Un crawler est un logiciel robot en charge d'explorer les sites web et les contenus des publications sur internet afin de les référencer dans les moteurs de recherches. Un crawler est aussi désigné par les termes de web crawler, web spider, robot d'indexation, araignée du Web. [11]

Il a pour fonction de collecter les ressources, comme des images, des vidéos, des documents, des pages web. Ces contenus seront ensuite analysés puis indexés par un moteur de recherche, soit par soumission de requête, soit à partir d'une liste ou suivant un lien organique. Sur le principe, un robot d'indexation on connais par exemple Google bot qui est le robot logiciel pour le Moteur de recherches Google, chaque Moteur de recherche a son propre Crawler comme Bing le moteur de recherche de Microsoft par exemple. [12]

❖ **Web Crawler :**

Un web crawler est un programme automatisé (ou un script) qui va scanner (« to crawl » en anglais) l'ensemble des pages Internet dans le but de créer un index de données le plus exhaustif possible. On entend parfois parler de « web spider », « web robot », « crawler » ou encore « automatic indexer » pour désigner ces web crawler.

Les moteurs de recherche ont recours aux web crawlers pour déterminer ce qui est disponible sur les pages web. A l'origine, les web crawlers étaient utilisés pour collecter des données permettant à l'internaute qui entrait un terme dans un moteur de recherche d'être directement redirigé vers des sites web de grande qualité. [13]

Dès lors qu'un moteur de recherche parcourt une page web, il passe en revue le contenu de l'article, du texte, des liens, des mots clé etc. Avec toutes ces informations, le moteur de recherche sera alors en mesure de déterminer le sujet du site et ainsi, il pourra indexer les données. Le site web en question sera ensuite enregistré dans la base de données du moteur de recherche et dans son programme de classement.

❖ **Fonctionnement :**

Afin de crawler un site ou tout l'Internet, il faut un point d'entrée. Les robots ont besoin de savoir qu'un site existe afin de venir et de l'analyser. Quelques années en arrière, il fallait encore soumettre manuellement son site à un moteur de recherche afin de lui dire que votre site était en ligne. Maintenant il suffit de construire quelques liens et votre site sera repéré au bout d'un moment.

Une fois qu'un crawler arrive sur votre site, il analyse son contenu ligne par ligne et suit chaque lien qu'il trouve, qu'il soit interne ou externe. Il continue ainsi de suite jusqu'à ce qu'il arrive sur une page sans lien ou s'il rencontre une erreur comme une 404, une 403 ou une 500 par exemple.

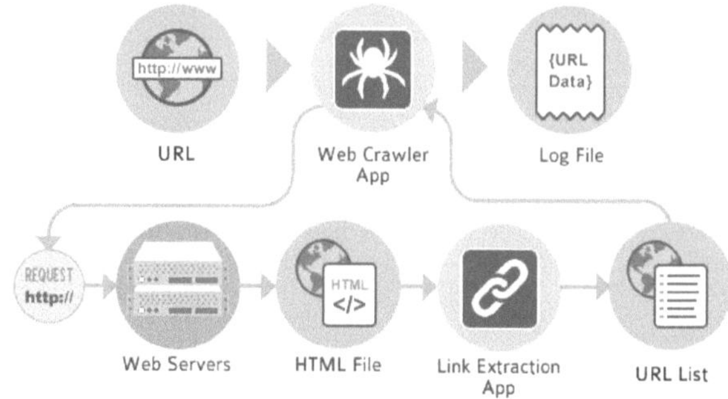

Figure 10 : Fonctionnement Crawler

4.3. Scraper

Le web scraping consiste à extraire des informations dans une page web afin de réutiliser les données dans un autre cadre et/ou sous une autre forme par rapport au contenu original. Le web scraping est souvent associé à l'indexation des pages web par les moteurs de recherche (web crawling). C'est un ensemble de techniques pour extraire le contenu d'un site Web. L'objectif est d'agréger en un temps court une grande quantité de contenu puis de transformer les données récupérées afin de les utiliser. [14]

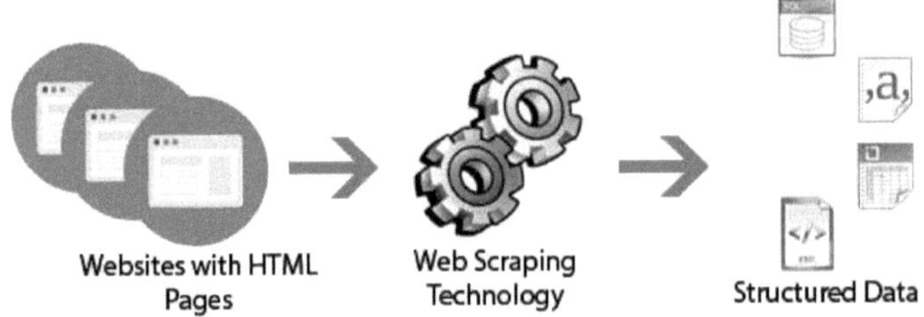

Figure 11 : Fonctionnement Scraper

4.4. Crawler vs Scraper

Le **crawling** consiste à récupérer le contenu d'une page web, alors que le **Scraping** consiste à extraire des informations structurées de ce contenu. Le scraping est donc une étape qui vient après le crawling. [15]

Par exemple :

- Faire une requête sur l'URL d'un article Wikipédia afin de récupérer le code HTML de la page, c'est du crawling.
- Chercher ensuite dans ce code HTML des informations comme le titre de l'article Wikipédia, c'est du scraping.

Web Crawling	Web Scraping
Traite Big data-sets où les robots parcourent les pages web pour obtenir des informations.	Récupère des informations spécifiques à partir d'une source sur le web

Pourrait ne pas reconnaître l'information en double sur le Web	Produit des données de meilleure qualité en récupérant exactement ce que l'utilisateur a demandé.
Peuvent surcharger un serveur et être impolis envers les sites web.	L'outil de grattage de données est convivial et efficace.
Trop de données, manque de précision et difficile à passer au crible	Les données sont ciblées, dans un format structuré et quantité consommable et pertinente
Se réfère au téléchargement de pages à partir du web.	Extraire des données de diverses sources, y compris le Web.
La plupart du temps à grande échelle.	Peut se faire à n'importe quelle échelle.
La déduplication est un élément essentiel	La déduplication n'est pas nécessairement une partie de l'activité
Il n'a besoin que d'un agent de crawl	Il a besoin d'un agent d'exploration et d'un analyseur

Tableau 2 : Crawler vs Scraper

4.5. Extractor

L'extraction de données est un ensemble de techniques automatiques ou semi automatiques, qui nous permettent de tirer des informations concrètes claires et précises, d'un ensemble volumineux et désordonné d'informations. [16]

L'extraction est faite grâce à des algorithmes ou grâce à des méthodes sophistiquées qui sont mises en œuvre afin de pouvoir tirer les données les plus pertinentes et les plus utiles au final.

L'extraction s'avère donc nécessaire dans la mesure où la plupart des informations fusent de partout, sur n'importe quel format et support.

5. Planning du projet

C'est une partie qui consiste à déterminer et à ordonnancer les tâches du projet, à estimer leurs charges et à déterminer les profils nécessaires à leur réalisation.

Elle permet d'organiser un ensemble de taches constituant notre projet, l'idée étant de minimiser la durée et le cout en fonction des ressources.

5.1. La méthode Agile Scrum

SCRUM est une méthode agile consacrée à la gestion de projet. Son objectif phare est d'améliorer la productivité des équipes, tout en permettant une optimisation du produit grâce à des feedbacks réguliers du marché. En parallèle, cette méthode permet d'avoir une vue d'ensemble du projet pour chacune des parties prenantes. Et elle permet aussi la réduction des bugs et une mise à jour régulière des priorités. [17]

5.2. Product Breakdown Structure (PBS)

Le PBS est une décomposition du projet de mémoire par livrable. Cette structuration aboutit aux lots de travaux. A chaque élément est attribué un responsable, avec les tâches et les objectifs correspondants. Le PBS permet donc le découpage du projet par une liste des produits attendus. [18]

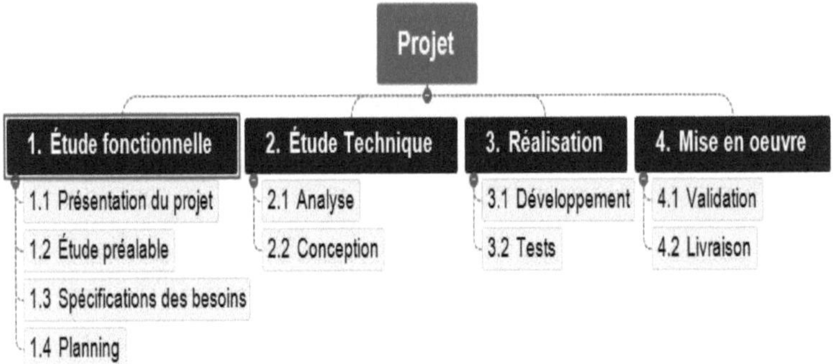

Figure 12 : PBS

5.3. Work Breakdown Structure (WBS)

Il s'agit d'identifier toutes les tâches nécessaires à la réalisation du produit et à la conduite du projet. Il est construit à partir du PBS, il faut identifier toutes les tâches de construction de notre mémoire. [19]

Ce WBS est le travail à accomplir pour réaliser notre planning de Gantt qui sera un outil essentiel dans le suivi et dans l'ordonnancement des tâches que nous aurons à accomplir.

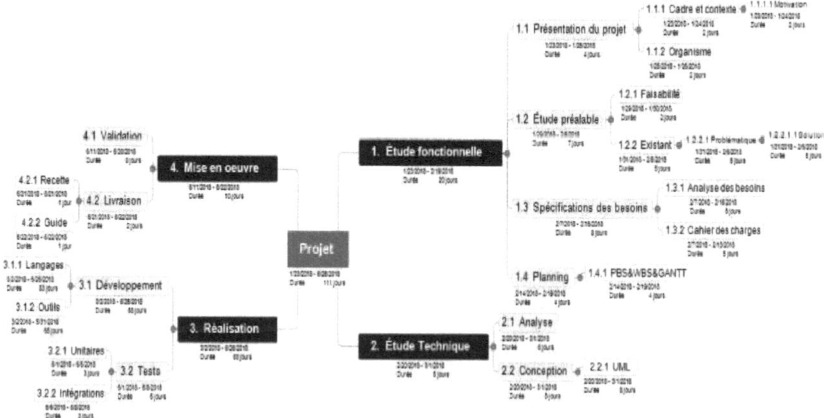

Figure 13: WBS

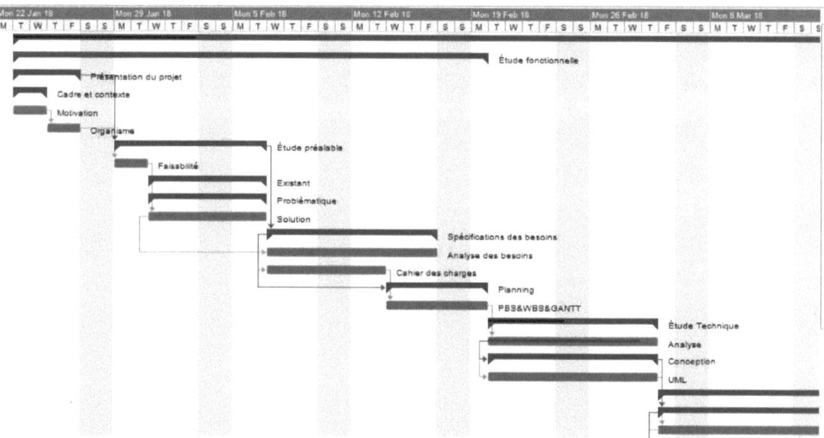

Figure 14: WBS Gantt

5.4. Sprint planning

Nous présentons dans ce planning les itérations suivies lors de cette réalisation du projet, c'est la description détaillée de notre développement qui consiste à déterminer et à ordonnancer les tâches du projet, à estimer leurs charges et à déterminer les profils nécessaires à leur réalisation.

Time Limit

5 months: 21 weeks
Sprint : 3 weeks
7 sprints

Mode Tâche	Nom de la tâche	Durée	Début	Fin	Prédécesseur
	Planning	**110 jours**	**Mar 1/23/18**	**Lun 6/25/18**	
	1 Sprint 0:1 Sprint	**21 jours**	**Mar 1/23/18**	**Mar 2/20/18**	
	1.1 Upskilling	14 jours	Mar 1/23/18	Ven 2/9/18	
	1.2 Stories Identification	7 jours	Lun 2/12/18	Mar 2/20/18	2
	2 Release 1: 2 Sprints	**42 jours**	**Lun 2/12/18**	**Mar 4/10/18**	
	2.1 Extractor v1	42 jours	Lun 2/12/18	Mar 4/10/18	3DD
	3 Release 2: 2 Sprints	**21 jours**	**Mer 4/11/18**	**Mer 5/9/18**	
	3.1 Extractor v2	21 jours	Mer 4/11/18	Mer 5/9/18	5
	3.2 Crawler/Scraper v1	21 jours	Mer 4/11/18	Mer 5/9/18	5
	3.3 Interface v1	21 jours	Mer 4/11/18	Mer 5/9/18	8DD
	4 Release 3: 2 Sprints	**44 jours**	**Mer 4/11/18**	**Lun 6/11/18**	
	4.1 Extractor v3	18 jours	Mer 4/11/18	Ven 5/4/18	9DD
	4.2 Crawler/Scraper v2	14 jours	Lun 5/7/18	Jeu 5/24/18	11
	4.3 Interface v2	12 jours	Lun 5/7/18	Mar 5/22/18	12DD
	4.4 Visualization 1	14 jours	Mer 5/23/18	Lun 6/11/18	13
	5 Release 3: 2 Sprints	**32 jours**	**Ven 5/11/18**	**Lun 6/25/18**	
	5.1 Extractor vf	8 jours	Ven 5/11/18	Mer 5/23/18	14DF
	5.2 Crawler/Scraper vf	10 jours	Mer 5/23/18	Mar 6/5/18	16
	5.3 Hadoop extraction	14 jours	Mer 5/23/18	Lun 6/11/18	17DD
	5.4 Visualization vf	8 jours	Mar 6/12/18	Jeu 6/21/18	18
	5.5 Interface vf	10 jours	Mar 6/12/18	Lun 6/25/18	19DD

ure 15: Sprint Planning

5.5. Diagramme de Gantt

Le diagramme de Gantt, couramment utilisé en gestion de projet, est l'un des outils les plus efficaces pour représenter visuellement l'état d'avancement des différentes activités (tâches) qui constituent un projet. [20]

Ce diagramme permet donc de visualiser d'un seul coup d'œil :

- Les différentes tâches à envisager
- La date de début et la date de fin de chaque tâche
- La durée escomptée de chaque tâche
- Le chevauchement éventuel des tâches, et la durée de ce chevauchement
- La date de début et la date de fin du projet dans son ensemble

En résumé, un diagramme de Gantt répertorie toutes les tâches à accomplir pour mener le projet à bien, et indique la date à laquelle ces tâches doivent être effectuées (le planning).

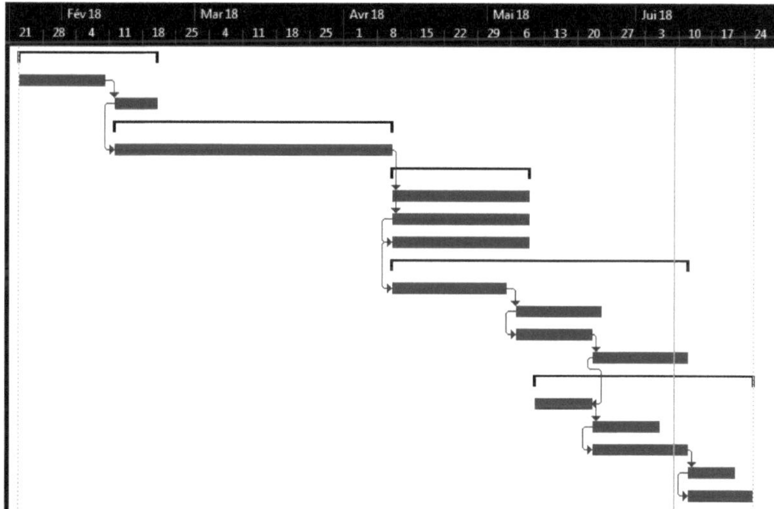

Figure 16: Diagramme de Gantt

Conclusion

Tout au long de ce chapitre, nous avons exposé la phase d'étude fonctionnelle du projet en menant notre projet dans son contexte et son cadre général, puis, nous avons exprimé notre motivation et le défi à relever pour prendre la responsabilité de cette réalisation.

Ensuite, dans une étude préalable, nous avons essayé de s'assurer de la viabilité de notre projet par une étude de faisabilité et d'opportunité pour qu'il peut réussir et aboutir.

En outre, nous avons décrit le système actuel pour se familiariser avec le domaine de la finance d'une part et de découvrir le travail déjà existant par une étude descriptive et critique d'autre part. Cette dernière nous a permis de reformuler une problématique générale que le groupe de gestion souhaite la remédier. Ceci a entrainé une vision globale des solutions à proposer afin de spécifier tous les besoins en détails.

Puis, nous avons détaillé les besoins fonctionnels et non fonctionnels que nous devons satisfaire et répondre par la mise en place d'un nouvel outil révolutionnaire qui change complètement le mode de travail au sein d'équipe de gestion d'actifs.

Cette étude nous a poussé de penser à concevoir une solution parfaite qui devient nécessaire et bénéfique pour dégager la problématique imposée et renforcer le secteur de gestion d'actifs en proposant des fonctionnalités et des services qui facilitent et améliorent leur processus de travail.

Finalement nous avons présenté le potentiel de nos solutions proposées qui réservent un dictionnaire de termes spécial en finance dans la section glossaire avant que nous arrivions à planifier la réalisation de notre projet suivant un découpage en taches, en sprints et une représentation d'avancement de chaque activité par un diagramme Gantt.

Tous les points mentionnés dans cette première étape sont traités, et nous pouvons donc dire que nous avons atteint certains objectifs menés par cette réalisation qui devra répondre à certains critères très stricts afin de bien s'intégrer dans l'environnement existant.

Le chapitre suivant va aborder la phase de la conception et la modélisation de nos outils à l'aide d'une conception orientée objet en UML.

.

Chapitre 2

"Un modèle est, par définition, une simplification de la réalité"

Booch et al. 1999

Chapitre 2 : Etude technique du projet

Introduction

Dans ce chapitre, Nous allons présenter une vision générale sur la conception de notre étude fonctionnelle, en réalisant une analyse conceptuelle des spécifications du besoin afin de concevoir et modéliser nos propres outils de crawling et scraping, extraction, et de visualisation.

Nous présentons les modèles de conceptions suivant les trois vues, fonctionnelle, statique et dynamique d'une conception orientée objet avec les diagrammes UML.

Nous visons à réduire la complexité de nos outils en détaillant leur comportement par ce qu'ils font, leur structure interne par ce qu'ils sont, et leur collaboration par ce qu'ils évoluent.

Pour cela nous avons choisi le diagramme de cas d'utilisation pour décrire la vision utilisateur du système, puis nous citons les aspects statiques de nos outils par une description des données et leurs relations par un diagramme de classes en ajoutant une structuration par paquetages. C'est une représentation du comportement des fonctionnalités de nos outils et une description de déroulement des cas d'utilisation exprimée par l'interaction entre les intervenants (acteurs) et nos outils.

L'objectif de cette analyse est de comprendre les besoins que nous avons spécifiés et les exigences que notre client demande à chaque réunion. Il s'agit de réaliser les spécifications exprimées en permettant de concevoir le modèle de conception pour la réalisation. En effet, elle permet de confronter la spécification et l'analyse avec l'implémentation. Elle présente le point de convergence des deux aspects : « Le quoi faire » (analyse) et le « comment faire » (réalisation).

Ceci justifie, parfois, le retour vers une étape antérieur afin de rectifier un besoin pour l'implémenter, ou affiner l'analyse.

1. Vue fonctionnelle

La vue fonctionnelle de notre projet est une phase qui consiste de décrire ce que nos outils font en le représentant du point de vue d'utilisateur, puis nous modélisons l'interaction de cet utilisateur avec ces outils.

1.1. Schéma global du projet

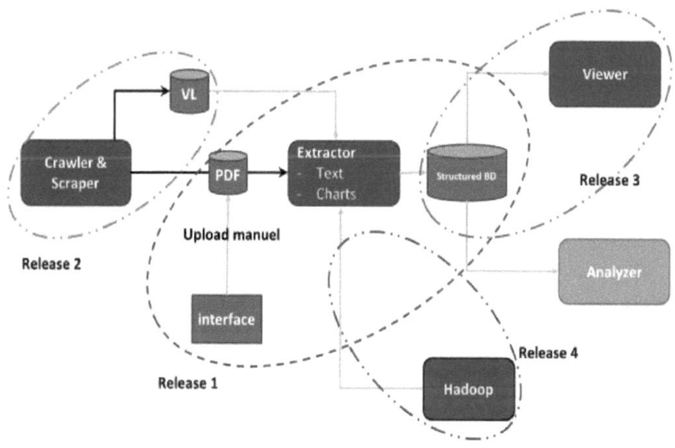

1.2. Identification des acteurs

L'interaction des différents acteurs avec nos outils nécessite de spécifier leurs rôles attribués, nous distinguons trois intervenants majeurs et potentiels de nos outils, le gérant de fonds, gérant de portefeuille et le conseiller d'investissement.

Pour cela, nous avons identifié ce nombre réduit d'acteurs spécialisés en gestion d'actifs et quelques cas d'utilisations qui peuvent indexer, gratter, extraire et visualiser de donnes du web ou des reportings de fonds.

Acteur	Rôle
Gérant de fonds	• Récupère des informations spécifiques à partir d'une source sur le web (Valeur Liquidative) • Classifier VL et stocker les données. • Visualiser et Comparer les résultats obtenus.
Gérant de portefeuille	• Rechercher le reporting de fonds • Extraire le document • Traiter, stocker, visualiser et comparer les résultats. • Construire le portefeuille
Conseiller d'investissement	• Analyser les données extraites • Evaluer le profil de risque (Avertir si nécessaire) • Prendre des décisions et faire des prédictions

Tableau 3 : acteurs et rôles

1.3. Diagramme des cas d'utilisations

Notre diagramme de cas d'utilisation est un diagramme UML utilisé pour donner une vision globale du comportement fonctionnel de nos outils. Nous décrivons l'interaction des acteurs avec les cas d'utilisations.

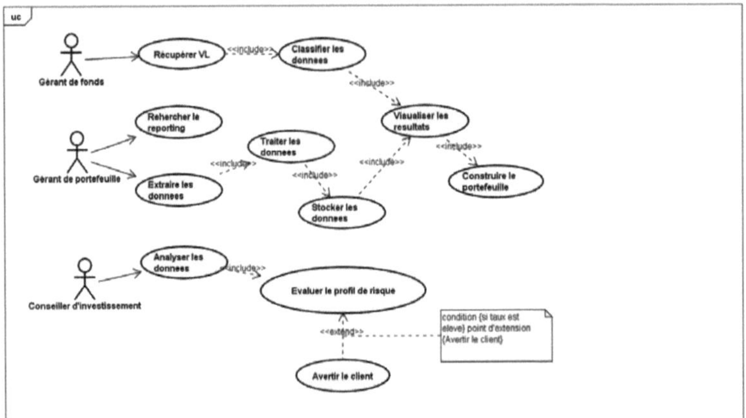

Figure 17: Use Case

2. Vue statique

Le terme vue statique s'applique à l'ensemble des aspects d'un modèle donné ayant un rapport avec les types de choses qui existent dans le modèle, leur structure interne et les relations qui existent.

On distingue deux types de choses : La vue statique est capturée principalement dans les diagrammes de classe. La vue statique fait partie de la vue structurelle. [21]

2.1. Diagramme de paquetage

Nous sommes en présence d'un outil de grande taille, il peut être intéressant de le décomposer en plusieurs parties. Ce paquetage est donc un regroupement de différents éléments de notre application (regroupement de classes, diagrammes, fonctions, interfaces…). Cela permet de clarifier le modèle en l'organisant.

Le diagramme de paquetages est un diagramme structurel (statique) d'UML qui représente les paquetages (ou espaces de noms) composant un système, ainsi que les relations qui lient ces différents paquetages. [21]

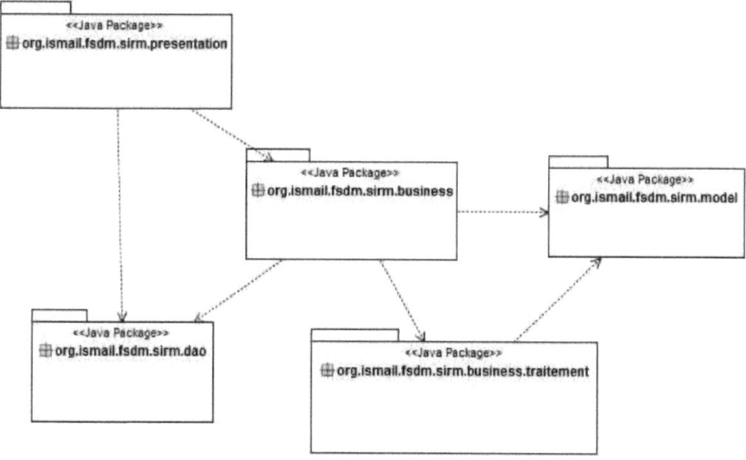

Figure 18 : Digramme de paquetage

2.2. Diagramme de classes de Crawler & Scraper

Notre diagramme de classe est une représentation statique des éléments et leurs relations qui composent notre outil qui fait le crawling et le scraping de la valeur liquidative publiée par les entreprises de gestion d'actifs.

Il décrit la structure statique du système en modélisant les classes et leurs relations indépendamment d'un langage de programmation particulier.
Le diagramme de classes est considéré comme le plus important de la modélisation orientée objet. Il est le seul obligatoire lors d'une telle modélisation. [22]

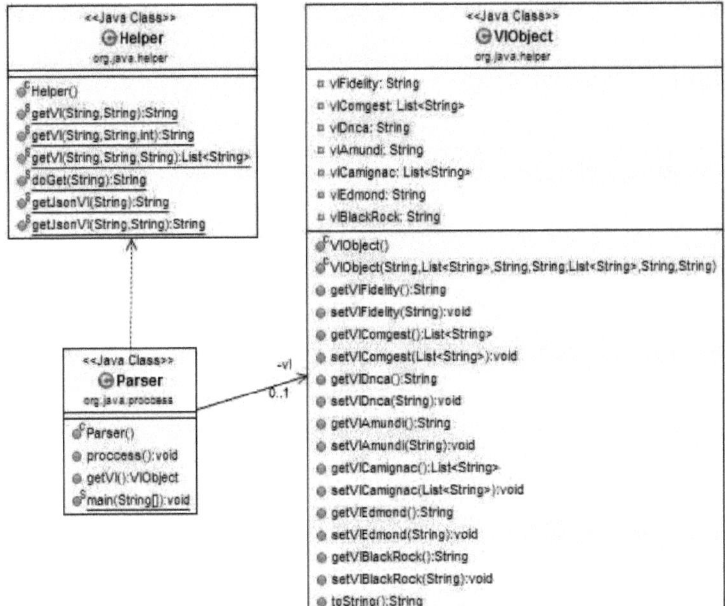

Figure 19: Diagramme de classe du Crawler et Scraper

2.3. Diagramme de classes de l'Extractor

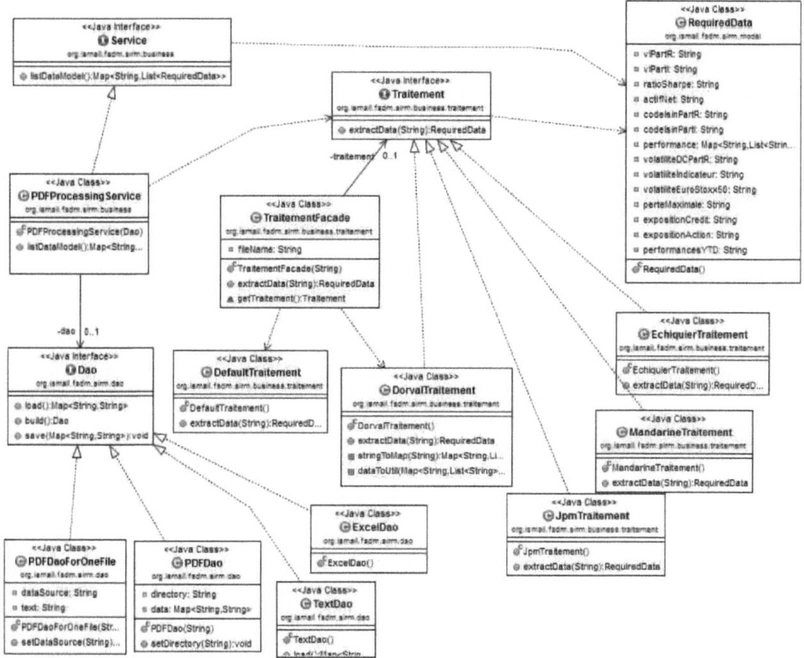

Figure 20: Diagramme de classe de l'Extractor

2.4. Diagramme de classes de Viewer

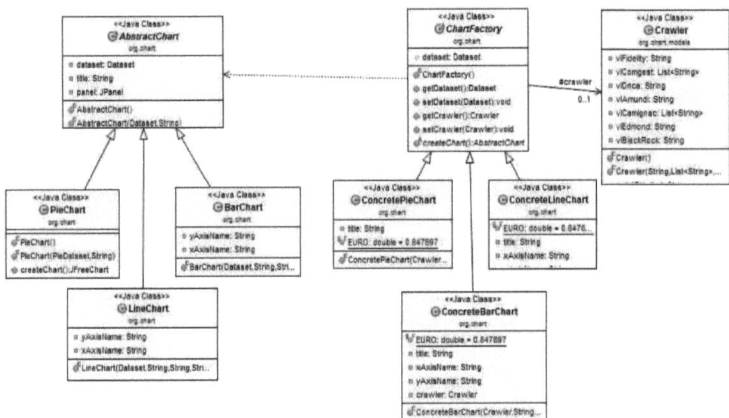

Figure 21: Diagramme de classes de Viewer

2.5. Diagramme de classes de CSV File Generator

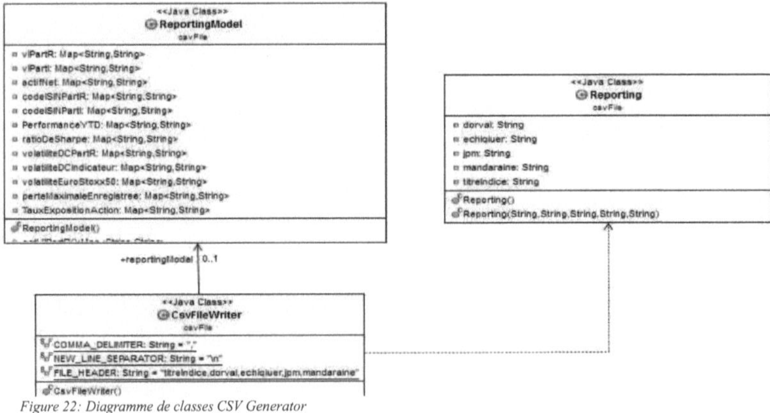

Figure 22: Diagramme de classes CSV Generator

3. Vue dynamique

La vue dynamique d'un système permet d'établir un lien entre le comportement et le fonctionnement d'un système et la structure de ce système.
Elle montre comment des objets (instances de classes) communiquent pour réaliser une certaine fonctionnalité. [21]

3.1. Diagramme d'activités de Crawler & Scraper

Un diagramme d'activités visualise un graphe d'activités qui modélise le comportement interne d'une méthode (une réalisation d'une opération), d'un cas d'utilisation ou plus généralement d'un processus impliquant un ou plusieurs classificateurs (classes / cas d'utilisation / paquetages /...). [24]

Un diagramme d'activités représente l'état d'exécution d'un mécanisme, sous la forme d'un déroulement d'étapes regroupées séquentiellement dans des branches parallèles de flots de contrôle. Il ne représente ni la collaboration ni le comportement des objets. Il est utile pour la représentation des processus métiers et les cas d'utilisation.

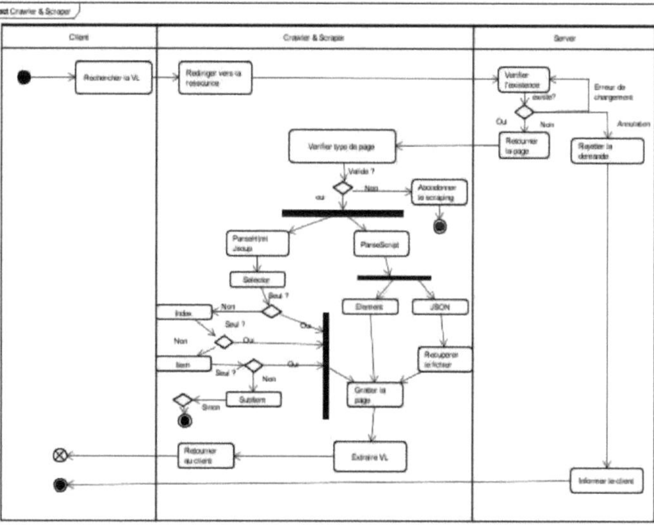

Figure 23:Diagramme d'activités du Crawler

3.2. Diagramme d'activités de l'Extractor

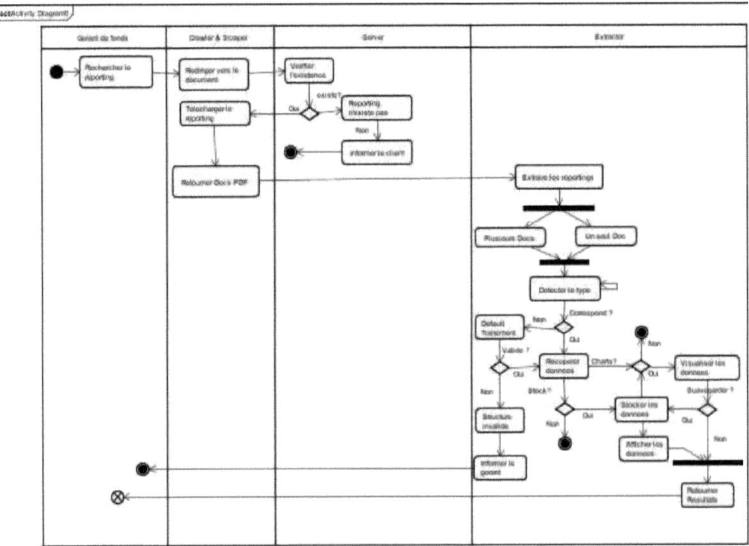

Figure 24: Diagramme d'activités de l'Extractor

Conclusion

Tout au long de ce chapitre, nous avons traité la phase de modélisation et de conception de notre application de gestion des fonds d'investissement par la description de ses facettes et de ses trois principales vues (fonctionnelle, statique et dynamique).

Cette étude technique est une étude résultante d'une analyse fonctionnelle précédente qui nécessitait une modélisation des besoins spécifiés pour pouvoir garantir une organisation claire et précise ainsi qu'une facilité d'implémentation des modèles de conceptions élaborés dans la phase de réalisation.

A l'aide des représentations UML par diagramme de cas d'utilisation, diagramme de classes, diagrammes d'activités, nous sommes arrivés à concevoir et modéliser nos propres outils de crawling, scraping, extraction, et de visualisation. Ceci dit que nous avons réduit la complexité de de nos outils en détaillant leur comportement du point de vue utilisateur système, leur structure interne, et leur évolution.

En effet, nous avons présenté au premier lieu le schéma global de notre projet qui résume les grandes parties de réalisation, en spécifiant la chronologie des taches. Puis, nous avons identifié les intervenants et acteurs principaux de nos outils en spécifiant leurs rôles attribués.

En second lieu, nous modélisons les services et fonctionnalités rendus par nos outils aux utilisateurs extérieurs, les interactions de ces derniers avec les cas d'utilisation. Puis, une représentation de haut niveau de l'organisation de nos outils en identifiant les différents liens de dépendances entre les packages qui regroupe les classes de notre application. Puis après, nous avons décrit la structure détaillée de notre application par la modélisation de ses classes.

En dernier lieu, nous avons mis l'accent sur les traitements en représentant le comportement dynamique de nos outils en indiquant le déroulement des cas d'utilisations et les fonctionnalités qui interagissent au moment d'exécution en termes d'actions ou des branches conditionnelles.

Et comme notre conception et notre modélisation sont faites, nous arrivons à la phase de développement et de réalisation de notre application que nous allons voir dans le chapitre suivant en respectant les directives de ce que nous venons de faire.

Chapitre 3

" Ne me parlez pas de vos efforts. Parlez-moi de vos résultats "

Ling, James Joseph

Chapitre 3 : Réalisation du projet

Introduction

Après l'étude fonctionnelle et technique du projet où nous avons défini notre projet dans son contexte, nous avons spécifié nos besoins, nos objectifs et notre plan de travail, et après une analyse conceptuelle, nous arrivons maintenant à la partie la plus importante d'un projet qui sert à présenter le résultat de notre réalisation suivi par les différents types de tests.

Dans cette phase nous allons concrétiser les phases précédentes en présentant les différentes étapes de réalisation. Ce chapitre se divise en trois parties :

- La première partie présente une description des cas d'utilisations des langages de programmation, technologies et l'ensemble d'outils utilisés pour le développement de notre projet.

- La deuxième partie a pour objectif de présenter la dernière version de nos livrables en présentant le principe de fonctionnement de nos applications et une démonstration des résultats obtenus par nos produits finaux.

- Afin de mettre à l'épreuve notre conception, la troisième partie est consacrée aux résultats obtenus par nous outils :

    - Crawler/Scraper
    - Extractor
    - Viewer
    - Hadoop Extractor
    - File Generator

Enfin, nous recapitulons ce chapitre par une conclusion de tout ce que nous allons exploiter dans cette section.

1. L'environnement du travail

Nous justifions dans cette partie nos choix concernant les technologies utilisées pour le développement et la réalisation de notre projet, en mentionnant les langages de programmation, les outils de développement utilisés.

Cette réalisation a été produite sous un environnement logiciel d'un ordinateur :

- PC portable Professionnel
- Marque SONY VAIO
- Série VPCSB3V9R
- Système d'exploitation : Windows 7 Professional 64 bits
- Mémoire : 8GB

2. Langages et technologies

2.1. Java

Figure 25: Logo Java

Nous avons utilisé comme notre langage de programmation Java tout au long de cette réalisation.

Java est un langage de programmation et une plate-forme informatique qui ont été créés par Sun Microsystems en 1995. Beaucoup d'applications et de sites Web ne fonctionne pas si Java n'est pas installé et leur nombre ne cesse de croître chaque jour. Java est rapide, sécurisé et fiable. Des ordinateurs portables aux centres de données, des consoles de jeux aux superordinateurs scientifiques, des téléphones portables à Internet, la technologie Java est présente sur tous les fronts. [24]

2.2. Architecture Java EE

Figure 26: Java EE

Java Platform, Enterprise Edition, Java EE ou Jakarta EE (anciennement Java 2 Platform, Enterprise Edition, ou J2EE), est une spécification pour la plate-forme Java d'Oracle, destinée aux applications d'entreprise.

La plate-forme étend Java Platform, Standard Edition (Java SE) en fournissant une API de mapping objet-relationnel, des architectures distribuées et multi tiers, et des services web. La plate-forme se fonde principalement sur des composants modulaires exécutés sur un serveur d'applications. [25]

❖ **Architecture Java EE**

Nous avons adopté l'architecture JEE pour la création de nos applications :

- Crawler /Scraper
- Extractor
- Viewer

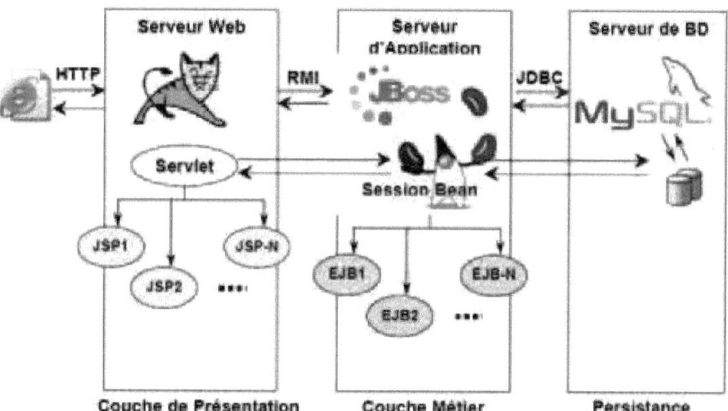

Figure 27: Architecture Java EE

2.3. JavaScript

Figure 28: Logo JS

Nous avons JS pour crawler les ressources plus précisément pour indexer les fichiers JSON dans les scripts JS

JavaScript est un langage de programmation de scripts principalement employé dans les pages web interactives mais aussi pour les serveurs avec l'utilisation (par exemple) de Node.js. [26]

2.4. JQuery

Figure 29: jQuery

Nous avons utilisé les requêtes jQuery dans la partie d'extraction sur le web pour récupérer les éléments d'une page HTML.

JQuery est une bibliothèque JavaScript rapide, compacte et riche en fonctionnalités. Il rend les choses comme la lecture et la manipulation de documents HTML, la gestion des événements, l'animation et Ajax beaucoup plus simple avec une API facile à utiliser qui fonctionne sur une multitude de navigateurs. Avec une combinaison de polyvalence et d'extensibilité, jQuery a changé la façon dont des millions de personnes écrivent du JavaScript. [27]

2.5. Apache PDFBox

Figure 30: PDFBOX

Nous avons utilisé cette API java pour manipuler les fichiers PDF afin d'extraire les informations spécifiques dans un document PDF à l'aide de la classe PDFTextStripper.

La bibliothèque Apache PDFBox est un outil Java open source pour travailler avec des documents PDF. Ce projet permet la création de nouveaux documents PDF, la manipulation de documents existants et la possibilité d'extraire du contenu à partir de documents. Apache PDFBox inclut également plusieurs utilitaires de ligne de commande. Apache PDFBox est publié sous la licence Apache v2.0.

2.6. Jsoup : Java HTML Parser

Figure 31: Jsoup

Nous avons utilisé l'API Jsoup pour gratter les pages html afin de récupérer la valeur liquidative. [28]

Jsoup est une bibliothèque Java pour travailler avec du HTML réel. Il fournit une API très pratique pour extraire et manipuler des données, en utilisant les meilleures méthodes DOM, CSS et jQuery.

2.7. JFreeChart

Figure 32: JFreeChart

Nous avons utilisé l'API JFreeChart pour visualiser nos résultats sous forme des graphiques pour pouvoir faire des études comparatives et critiques des résultats obtenus.

JFreeChart est une bibliothèque de graphiques Java 100% gratuite qui permet aux développeurs d'afficher facilement des graphiques de qualité professionnelle dans leurs applications. [30]

2.8. URLConnection

Nous avons utilisé cette classe pour gratter les pages écrites en scripts que Jsoup ne peut pas le faire.

Figure 33: URLConnection

La classe abstraite URLConnection est la super-classe de toutes les classes qui représentent un lien de communication entre l'application et une URL. Les instances de cette classe peuvent être utilisées à la fois pour lire et pour écrire dans la ressource référencée par l'URL. [31]

2.9. Apache Hadoop

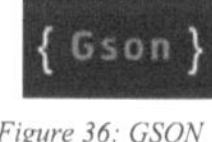

Figure 34: Hadoop

Nous avons utilisé Hadoop version 3 pour étudier la possibilité de faire le même traitement avec PDFBox sur des architectures distribuées lors d'une immense quantité de données.

Hadoop est un Framework logiciel open source permettant de stocker des données, et de lancer des applications sur des grappes de machines standards. Cette solution offre un espace de stockage massif pour tous les types de données, une immense puissance de traitement et la possibilité de prendre en charge une quantité de tâches virtuellement illimitée. Basé sur Java, ce Framework fait partie du projet Apache, Grâce à MapReduce, il permet de traiter les immenses quantités de données. [32]

2.10. Jackson & GSON

Figure 36: GSON

Figure 35: Jackson

Nous avons utilisé cette API pour convertir nos objets en JSON et vice versa.

Jackson JSON Java Parser est très populaire et utilisé dans le cadre de printemps aussi. L'API Java JSON Processing n'est pas très conviviale et ne fournit pas de fonctionnalités pour la transformation automatique de JSON en objet Java et vice versa. [33] [34]

3. Outils de développement

3.1. Eclipse Oxygen

Figure 37: Oxygen

Eclipse est un IDE, Integrated Development Environment (EDI environnement de développement intégré en français), c'est-à-dire un logiciel qui simplifie la programmation en proposant un certain nombre de raccourcis et d'aide à la programmation. Il est développé par IBM, est gratuit et disponible pour la plupart des systèmes d'exploitation. [35]

Eclipse Oxygen se compose de 83 projets, 71 millions de lignes de code, par 664 contributeurs. Cette version apportera le support de Java 9 dès que la version officielle sera disponible.

3.2. Astah Professional

Figure 38: Astah

Astah Professional est un outil pour la modélisation UML qui est combiné avec Mind Mapping, ERD, DFD, diagrammes d'exigences, organigramme, DFD, CRUD et plus encore. Astah Professional permet de créer facilement un diagramme, un graphique ou une illustration dont une entreprise a besoin, et fonctionne également sur plusieurs plates-formes. [36]

3.3. Ms Project 2016

Figure 39: MS Project

Microsoft Project (ou MS Project ou MSP) est un logiciel de gestion de projets édité par Microsoft. Il permet aux chefs de projet et aux planificateurs de planifier et piloter les projets, de gérer les ressources et le budget, ainsi que d'analyser et communiquer les données des projets. [37]

3.4. MindView

Figure 40: MindView

MindView est un logiciel de mind mapping professionnel qui permet d'effectuer des sessions de brainstorming visuelles, puis d'organiser et de présenter les idées. [38]

3.5. Sublime Text 3

Figure 41: Sublime text

Sublime Text est un éditeur de texte générique codé en C++ et Python, disponible sur Windows, Mac et Linux. Le logiciel a été conçu tout d'abord comme une extension pour Vim, riche en fonctionnalités. Depuis la version2.0, sortie le 26 juin 20122, l'éditeur prend en charge 44 langages de programmation majeurs, tandis que des plugins sont souvent disponibles pour les langages plus rares. [39]

4. Présentation des résultats

Cette partie sera consacrée à la présentation de notre produit, c'est le fruit de notre réalisation où nous allons exposer les résultats finaux du projet.

4.1. Résultats Crawler & Scraper

Comme nous avons présente le fonctionnement de notre Crawler & Scraper dans le deuxième chapitre, notre outil permet au premier lieu d'indexer les ressources de types différents sur le web soit sur des pages HTML ou bien les scripts et c'est du crawling puis, on fait gratter et d'extraire les éléments contenant la donnée requise sur cette page par un sélecteur, index ou bien un item, c'est du scraping.

Nous récupérons par la suite les données extraites sous format JSON pour pouvoir le consommer par la suite pour la visualisation et l'analyse.

Voici une démonstration des résultats de notre Crawler & Scraper qui sert à récupérer la valeur liquidative publiée quotidiennement par les entreprises de gestion d'actifs.

Cette opération est automatisée, c'est un travail de backend qui se relance chaque jour à 2h00 du matin et fait gratter plus de 32 sites web des entreprises de gestion puis gratter la valeur liquidative par catégorie.


```
{
    "vlFidelity" : "53.2500",

    "vlComgest" : [ "152.42 EUR", "158.43 EUR", "152.78 EUR" ],

    "vlDnca" : "259,77€",

    "vlAmundi" : "584.80 EUR",

    "vlCamignac" : [ "€ 1252.35", "€ 129.67", "€ 206.89", "€ 366.57",
      "€ 166.40", "€ 871.81", "€ 123.34", "€ 1470.75", "€ 338.67",
      "€ 645.82", "€ 116.90", "€ 113.44", "€ 370.33", "€ 125.39",
      "€ 273.53", "€ 115.93", "€ 1395.33", "€ 1753.41", "€ 106.68",
      "€ 1162.83", "€ 96.37", "€ 3737.39", "€ 214.74", "€ 231.04", "€ 185.41" ],

    "vlEdmond" : "386,72 EUR",

    "vlBlackRock" : "USD 107.08"
}
```


Figure 42: Résultats Crawler

4.2. Résultats Extractor

Cette phase est la plus grande partie de notre projet qui présente un grand traitement effectué derrière, plusieurs blocs de code java a été écrit pour personnaliser l'extraction de certaines données dans un reporting de fonds.

Cette opération est aussi automatisée qui sert à traiter une centaine de documents PDF, puis de récupérer des informations spécifiques de différentes formats et structures (textes, graphiques, tableaux.), nous arrivons à trouver la solution adéquate pour contrôler le comportement de données qui varie selon la manière dont il est généré.

Cette extraction se fait à la fin de chaque mois d'une manière automatique avec une possibilité de traiter chaque reporting séparément, ou bien de parcourir un répertoire (dossier) complet qui contient une centaine de reportings, une méthode de détection a été défini pour faire appeler l'algorithme correspondant à chaque reporting à traiter. Elle est conçue pour la raison de l'archivage ou de restauration de reportings archivés.

- Extraction du reporting Dorval :


```
  "dorval" : [ {
    "vlPartR" : " 166.13 €",
    "vlPartI" : " 1,799.66 €",
    "ratioSharpe" : "2.50 0.83 0.92",
    "actifNet" : " 551,956,516.52 €",
    "codeIsinPartR" : " FR0010557967",
    "codeIsinPartI" : " FR0010565457",
    "performance" : {
      "3 ans" : [ "32.6", "30.0", "27.8", "14.3" ],
      "5 ans" : [ "64.3", "58.5", "67.8", "32.0" ],
      "1 an" : [ "20.5", "19.7", "23.3", "11.0" ],
      "YTD" : [ "15.3", "14.7", "14.3", "6.9" ]
    },
    "volatiliteDCPartR" : " 7.3 11.9 10.8",
    "volatiliteIndicateur" : " 4.5 8.3 7.6",
    "volatiliteEuroStoxx50" : " 10.6 19.7 18.3",
    "perteMaximale" : " -17.2% du 20/07/15 au 06/07/16",
    "expositionCredit" : "24.9%",
    "expositionAction" : " 46%",
    "performancesYTD" : null
  } ],
```


Figure 43: Résultats Dorval

❖ Extraction du reporting Echiquier


```
{
  "echiquier" : [ {
    "vlPartR" : "110,62 € ",
    "vlPartI" : null,
    "ratioSharpe" : "1,6",
    "actifNet" : "18 M€",
    "codeIsinPartR" : "FR0012870657",
    "codeIsinPartI" : null,
    "performance" : null,
    "volatiliteDCPartR" : "4,8",
    "volatiliteIndicateur" : " 7,3",
    "volatiliteEuroStoxx50" : null,
    "perteMaximale" : null,
    "expositionCredit" : null,
    "expositionAction" : "59%",
    "performancesYTD" : "+4,2 +0,1"
  } ],
```


Figure 44: Résultats Echiquier

❖ Extraction du reporting Mandarine


```
  "mandarine" : [ {
    "vlPartR" : "7766,42",
    "vlPartI" : null,
    "ratioSharpe" : "0,80 0,54",
    "actifNet" : "19,87",
    "codeIsinPartR" : "FR0011352160",
    "codeIsinPartI" : null,
    "performance" : null,
    "volatiliteDCPartR" : "10,49% 14,55%",
    "volatiliteIndicateur" : "11,55% 16,16%",
    "volatiliteEuroStoxx50" : null,
    "perteMaximale" : null,
    "expositionCredit" : null,
    "expositionAction" : "92,2%",
    "performancesYTD" : " +8,06% +15,37% 299/341"
  } ],
```


Figure 45: Résultats Mandarine

❖ Extraction du reporting JPMorgan


```
  "jpm" : [ {
    "vlPartR" : "122,30",
    "vlPartI" : null,
    "ratioSharpe" : "0,92 1,23",
    "actifNet" : "EUR 21740,2m",
    "codeIsinPartR" : "LU0395797581",
    "codeIsinPartI" : null,
    "performance" : null,
    "volatiliteDCPartR" : null,
    "volatiliteIndicateur" : null,
    "volatiliteEuroStoxx50" : null,
    "perteMaximale" : null,
    "expositionCredit" : null,
    "expositionAction" : "15,9  Actions internationales||14,3  Actions européennes||9,2  Actions préférentielles||7,2  Actions émerge
    "performancesYTD" : "1 mois 3 mois 1 an 3 ans 5 ans Lancement|| 0,81 1,51 6,73 5,01 6,81 8,44|| 1,00 2,05 8,60 5,48 7,26 8,31"
  } ]
}
```


Figure 46: Résultats JPMorgan

❖ Extraction de tous les reportings en même temps


```
{
  "echiquier" : [ {
    "vlPartR" : "110,62 € ",
    "vlPartI" : null,
    "ratioSharpe" : "1,6",
    "actifNet" : "18 M€",
    "codeIsinPartR" : "FR0012870657",
    "codeIsinPartI" : null,
    "performance" : null,
    "volatiliteDCPartR" : "4,8",
    "volatiliteIndicateur" : " 7,3",
    "volatiliteEuroStoxx50" : null,
    "perteMaximale" : null,
    "expositionCredit" : null,
    "expositionAction" : "59%",
    "performancesYTD" : "+4,2 +0,1"
  } ],
  "dorval" : [ {
    "vlPartR" : " 166.13 €",
    "vlPartI" : " 1,799.66 €",
    "ratioSharpe" : "2.50 0.83 0.92",
    "actifNet" : " 551,956,516.52 €",
    "codeIsinPartR" : " FR0010557967",
    "codeIsinPartI" : " FR0010565457",
    "performance" : {
      "3 ans" : [ "32.6", "30.0", "27.8", "14.3" ],
      "5 ans" : [ "64.3", "58.5", "67.8", "32.0" ],
      "1 an" : [ "20.5", "19.7", "23.3", "11.0" ],
      "YTD" : [ "15.3", "14.7", "14.3", "6.9" ]
    },
    "volatiliteDCPartR" : " 7.3 11.9 10.8",
    "volatiliteIndicateur" : " 4.5 8.3 7.6",
    "volatiliteEuroStoxx50" : " 10.6 19.7 18.3",
```

```
    "perteMaximale" : " -17.2% du 20/07/15 au 06/07/16",
    "expositionCredit" : "24.9%",
    "expositionAction" : " 46%",
    "performancesYTD" : null
  } ],
  "mandarine" : [ {
    "vlPartR" : "7766,42",
    "vlPartI" : null,
    "ratioSharpe" : "0,80 0,54",
    "actifNet" : "19,87",
    "codeIsinPartR" : "FR0011352160",
    "codeIsinPartI" : null,
    "performance" : null,
    "volatiliteDCPartR" : "10,49% 14,55%",
    "volatiliteIndicateur" : "11,55% 16,16%",
    "volatiliteEuroStoxx50" : null,
    "perteMaximale" : null,
    "expositionCredit" : null,
    "expositionAction" : "92,2%",
    "performancesYTD" : " +8,06% +15,37% 299/341"
  } ],
  "jpm" : [ {
    "vlPartR" : "122,30",
    "vlPartI" : null,
    "ratioSharpe" : "0,92 1,23",
    "actifNet" : "EUR 21740,2m",
    "codeIsinPartR" : "LU0395797581",
    "codeIsinPartI" : null,
    "performance" : null,
    "volatiliteDCPartR" : null,
    "volatiliteIndicateur" : null,
```

4.3. Résultats Viewer

Ces résultats correspondent la représentation graphique des résultats de crawler & scraper et ceux de l'Extractor d'une manière claire et lisible nous permet de faire des études comparatives, descriptives et critiques.

Cette étude aide beaucoup les gérants de préciser et facilement les taux de risques afin de faire les bonnes décisions pour un investisseur.

❖ Etude Descriptive

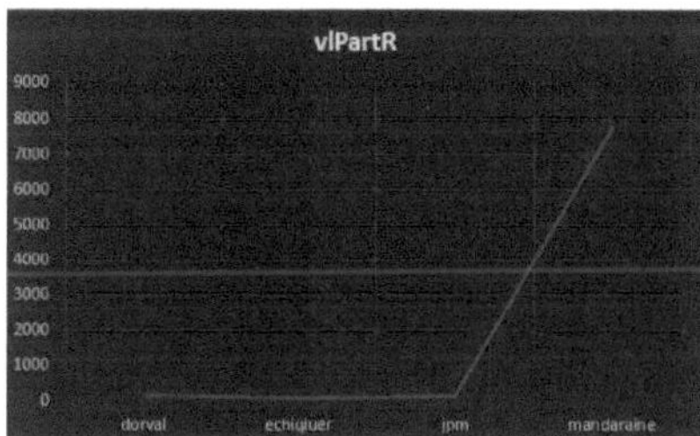

Figure 48: Visualisation1

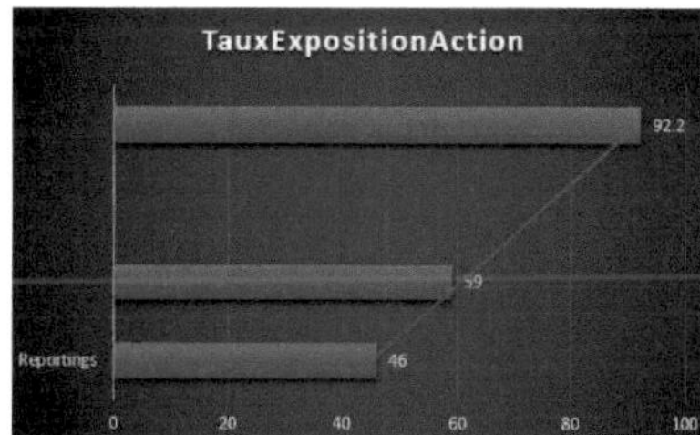

Figure 49: Visualisation2

Figure 47: Résultats reportings

❖ Etude Comparative

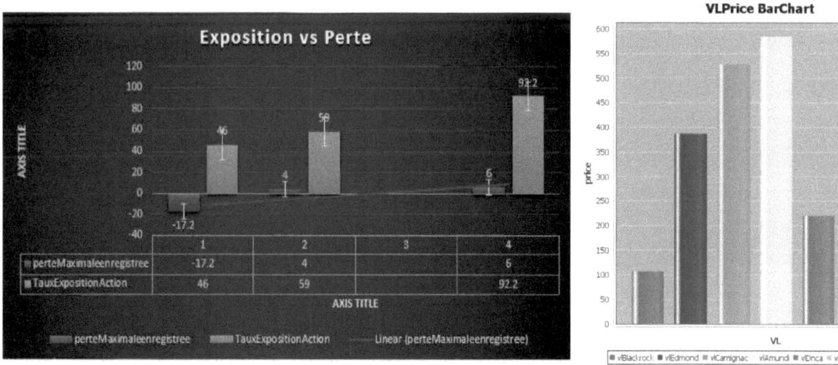

	1	2	3	4
perteMaximaleenregistree	-17.2	4		6
TauxExpositionAction	46	59		92.2

Figure 51: Visualisation3

VLPrice BarChart

Figure 50: Visualisation4

4.4. Résultats Hadoop Extractor

Pour anticiper une question quasi évidente qui consiste à supposer un traitement d'une immense quantité de données vu que l'évolution de nombre de reportings à manipuler est en augmentation, nous sommes obligés donc de prévoir une méthode appropriée sur le plan pratique par l'utilisation d'un outil Big data qui sert à faire un traitement performant de mégadonnées d'une part, d'autre part il permet de découvrir la possibilité d'effectuer le même traitement de notre Extractor sur des architectures distribuées en implémentant MapReduce.

Voici une partie d'intégration de notre code sur Hadoop en distinguant les mappers et les reduces :

❖ **Mapper :**

```
package com.ismail.pdf;

import java.io.IOException;
import java.util.StringTokenizer;
import org.apache.hadoop.io.LongWritable;
import org.apache.hadoop.io.Text;
import org.apache.hadoop.mapreduce.Mapper;
import org.apache.hadoop.mapreduce.TaskAttemptContext;

public class ExtractDataMapper extends
        Mapper {
    private Text data = new Text();
    private final static LongWritable one = new LongWritable(1);

    protected void map(LongWritable key, Text value, Context context)
            throws IOException, InterruptedException {
        String line = value.toString();
        StringTokenizer tokenizer = new StringTokenizer(line);
        while (tokenizer.hasMoreTokens()) {
            word.set(tokenizer.nextToken());
            context.progress();
            context.write(data, one);
        }
    }
}
```

Figure 52: Hadoop mapper

❖ **Reducer :**

```java
package com.ismail.pdf;

import java.io.IOException;

import org.apache.hadoop.io.LongWritable;
import org.apache.hadoop.io.Text;
import org.apache.hadoop.mapreduce.Reducer;

public class ExtractDataReducer extends
        Reducer {
    protected void reduce(Text key, Iterable values,
            Context context) throws IOException, InterruptedException {
        int index = 0;
        for (LongWritable value : values) {
            index += value.get();

        }
        context.write(key, new LongWritable(index));
    }
}
```

Figure 53: Hadoop reducer

4.5. Résultats CSV File Generator

Dans cette dernière présentation des résultats obtenus par notre générateur des fichiers CSV permettent d'offrir notre deuxième choix d'affichage et de stockage de données récupérées.

	A	B	C	D	E
1	titreIndice	dorval	echiqiuer	ipm	mandaraine
2	vlPartR	166.13	110.62	122.3	7766.42
3	vlPartI	1.799.66			
4	actifNet	551.956.516.52		21740.2	19.87
5	codeISINPartR	FR0010557967	FR0012870657	LU0395797581	FR0011352160
6	codeISINPartI	FR0010565457			
7	performanceDCPartR	14.7 19.73 0.0 58.5	7.1	6.73 5.01 6.81	9
8	performanceDCPartI	15.3 20.5 32.6 64.3		8.60 5.48 7.26	9.82
9	performanceDCIndicateur	6.9 11.0 14.3 32.0	2.8	8.44 8.31	
10	performanceDCEuroStoxx50	14.3 23.3 27.8 67.8			
11	ratioDeSharpe	2.50 0.83 0.92	1.6	0.92 1.23	0.80 0.54
12	volatiliteDCPartR	7.3 11.9 10.8	4.8	5.51 5.48	10.49 14.55
13	volatiliteIndicateur	4.5 8.3 7.6	7.3		11.55 16.16
14	volatiliteEuroStoxx50	10.6 19.7 18.3			
15	perteMaximaleenregistree	-17.2	4		6
16	TauxExpositionAction	46	59		92.2

Figure 54: résultats CSV Generator

Conclusion

Tout au long de ce chapitre de réalisation, nous avons essayé de présenter l'environnement logiciels de travail ainsi les différents langages de programmations et technologies utilisés pour le développement de nos outils d'indexation, extraction, visualisation et d'analyse de données.

Nous avons également présenté les résultats de notre réalisation qui nous a permis de concrétiser notre conception en montrant les différents résultats obtenus comme optimaux pouvaient répondre le mieux aux attentes du client qui a exprimé sa satisfaction de ces résultats qui sont prêts d'être complétement consommables et utilisables au sein d'équipe de gestion d'actifs.

Après que nous avons spécifié les outils et les langages du développement que nous avons choisi pour réaliser ce projet, nous avons aussi cité les principales fonctionnalités de notre outil et leur principe de fonctionnement à travers une brève description de leur comportement.

Cette phase était plus bénéfique pour nous au niveau pédagogique et professionnel, car elle nous a permis de découvrir un nouveau domaine tel que la finance et son interaction avec notre domaine d'informatique.

Pour conclure ce chapitre, nous notifions que cette partie nous a permis de récolter nos fruits de toute cette période d'études et de réalisations, elle nous a donné une impression que nous avons atteint nos objectifs visés aux spécifications par arriver aux résultats attendus.

Cette partie constitue le dernier volet de ce rapport.

Conclusion générale et perspectives

Ce stage avait pour le but de réaliser une application de gestion d'actifs d'investissement pour une équipe au sein d'un groupe d'asset management. Cette réalisation consiste à mettre en place trois outils indépendants pour le traitement de données issues de sources multiples dont l'entreprise dispose.

Cette application consiste à indexer et identifier des ressources sur le web plus précisément les reportings des fonds (documents PDF) qui sont publiés mensuellement par les entreprises de gestion des fonds et des données spécifiques (valeur liquidative) qui est publiée quotidiennement sur leurs sites web. Puis, gratter ces informations, les extraire, et les traiter afin de récupérer les informations souhaitées sur des supports bien structurés et bien organisés. Par la suite cette structure nous permet de visualiser des données stockées sous forme de graphiques permettant de les représenter d'une manière plus claire afin de faire plusieurs études descriptives, comparatives et critiques des résultats obtenus en fonction de facteurs associés.

Une telle alimentation de données brutes nécessite d'extraire d'autres informations, produire du savoir à travers une analyse de ces données pour permettre aux gérants de fonds de prendre les bonnes décisions et de faire les meilleures prédictions.

Pendant toute cette période de stage, nous avons appris que pour avoir une entreprise ayant un système d'information stratégique, tactique et opérationnel, il faut donc avoir une information de qualité dans un temps minimal et avec un format correct. Ceci dit un bon traitement de données pour distinguer l'utile et l'inutile.

Maintenant, il est temps de dire que notre conception est concrète, les besoins fonctionnels et non fonctionnels ont été satisfaits par la mise en place de notre crawler et scraper pour identifier et gratter les données du web, notre extractor pour récupérer les données sur des reportings, un viewer pour visualiser les données d'une manière plus intelligible par représentations graphiques. Puis après, nous avons scruté la possibilité de faire usage de Hadoop comme outil Big Data pour l'extraction d'une grande masse et quantité de données non structurées sur des architectures distribuées.

Puisque notre application a permis de satisfaire les besoins de notre client qui affirmait que le but visé du projet est atteint, une grande valeur ajoutée au niveau de gestion d'actif au sein de cette équipe, ces produits sont mis en marche avec fiabilité et efficacité et seront opérationnels et fonctionnels dans les plus brefs et prompts délais.

Ce travail nous a été enrichissant à plus d'un titre, sur le plan formation, il nous a permis de valider et d'appliquer nos connaissances acquises lors de la période de la formation à la FSDM.

En particulier, il était une occasion pour utiliser et tester une multitude de nouvelles technologies, outils et langages. En outre, sur le plan pratique, ce travail nous a permis d'avoir un esprit d'étude, d'analyse et de critique, de mesurer les qualités attendues d'un informaticien notamment sa capacité à apprendre et à entreprendre dans un court délai.

Cette expérience a été également l'occasion de découvrir le dynamisme et l'enthousiasme qui caractérise l'équipe de gestion des fonds lors des réunions régulières effectuées, ainsi que celles organisées avec notre encadrant chaque semaine et qui nous a permis de mettre en œuvre les concepts de réalisation d'un projet qualitatif. C'est une expérience très satisfaisante et enrichissante. Faire partie d'une équipe aussi dynamique et accueillante, travailler dans des conditions aussi bonnes et pouvoir mettre en pratique le savoir que nous avons acquis sont autant de choses positives que j'en retire.

Nous avons pu, grâce à ce stage, améliorer nos compétences sociales et élargir nos connaissances, en étant confronté à des professionnels de plusieurs corps de métier, comme la communication, le domaine de la finance ou encore la qualité de production et de livraison du produit final. Nous avons également pu en apprendre plus sur les actions menées par une équipe de gestions d'actifs au sein d'un acteur majeur dans ce domaine, leur rôle, passant de collection de données à l'évaluation d'un profil de risque d'un investisseur. Le projet en lui-même a également représenté une bonne expérience pour moi. En effet, le développent des outils de traitement Big Data est une tendance de plus en plus adoptée par les entreprises de par ses nombreux avantages.

Néanmoins, on peut parvenir à une évolution dans le futur compte tenu du fait qu'aucun produit n'est totalement parfait et que toute conception peut s'enrichir et évoluer et parmi les prescriptives nous pouvons dire que notre réalisation est conçue suivant une architecture extensible corrective et évolutive permettant d'optimiser les résultats renvoyés et d'ajouter d'autres fonctionnalités et services fournis par nos outils.

Par ailleurs, notre projet peut être bien enrichi pour devenir adéquat pour une thèse, en ajoutant une brique d'analyse statistiques de données extraites des reportings, afin de sortir des alertes et des signaux qui aident les gérants à décider sur leurs investissements. Une règle non formelle que nous venons de formuler pour résumer nos perspectives d'amélioration : « Afin de prédire le futur, il faut explorer l'existant », en explorant les données présentes pour que ces données deviennent informations utiles puis, en modélisant cette exploration par des analyse pour prédire le futur.

Cela signifie qu'il faut analyser et voir ce que les données essaient de nous dire pour pouvoir faire penser des solutions, prendre de décision, découvrir de connaissances à des fins prédictives et descriptives.

Notre prochain défi est de voir ces données comme une source unique et dans un modèle de données unifié à renvoyer d'une manière ordonnée (tableaux de bord, graphiques) et à intégrer toutes dans plusieurs utilisations permettant de transformer chaque donnée en informations, connaissances, sagesse en décisions puis, en profits ($).

Références

1. Bibliographie

[1] AFG, Association Française de la Gestion financière. La Transformation Digitale Des Sociétés De Gestion En "SGP 3.0".
✓ *Dernière modification : Janvier 2017* *Dernière consultation : 17 Juin 2018*

[2] Fouad Bouchaouir, Yannick Dentinger, Olivier Englender. Lire Agir Gestion de projets.
✓ *Dernière modification : Septembre 2017* *Dernière consultation : 12 Juin 2018*

[3] Patrick Duong et Kokou Aziki. Comité de Coordination du Service Volontaire International. Comment présenter un projet.
✓ *Dernière modification : 1999, réédition 2001* *Dernière consultation : 10 Juin 2018*

[4] PINGWANG. Juillet 2011. UNIVERSITÉ DU QUÉBEC À RIMOUSKI LA MOTIVATION : UNE SOURCE EFFICACE POUR AMÉLIORER LA PERFORMANCE DES MEMBRES D'ÉQUIPES DE PROJET.
✓ *Dernière modification : 4 Juillet 2011* *Dernière consultation : 16 Juin 2018*

[21] ML - Unified Modeling Language Diagrammes statiques La¨etitia Matignon Lyon Universit´e Claude Bernard Lyon 1 2012 – 2013
✓ *Dernière modification : 2012* *Dernière consultation : 16 mai 2018*

[23] Modélisation objet avec UML Pierre-Alain Muller Nathalie Gaertner Deuxième édition 2000 Cinquième tirage 2004
✓ *Dernière modification : 2004* *Dernière consultation : 16 mai 2018*

[] Dunod, Joseph Gabay, David Gabay. UML2 Analyse et Conception
✓ *Dernière modification : 16 Avril 2017* *Dernière consultation : 08 Juin 2018*

[] Lewis Alexander, Sanjiv R. Das, Zachary Ives, H.V. Jagadish, and Claire Monteleoni. Research Challenges in Financial Data Modeling and Analysis
✓ *Dernière modification : 1 Septembre 2017* *Dernière consultation : 07 Juin 2018*

[] Extracting, Linking and Integrating Data from Public Sources: A Financial Case Study Doug Burdick, Mauricio Hernandez, Howard Ho, Georgia Koutrika, Rajasekar

Krishnamurthy Lucian Popa, Ioana R. Stanoi, Shivakumar Vaithyanathan, Sanjiv Das. IBM Research – Almaden, Finance Department, Santa Clara University.

- ✓ *Dernière modification : 14 décembre 2015* *Dernière consultation : 17 Juin 2018*

[] An Individual Level Analysis of The Mutual Fund Investment Decision. NOEL CAPON, GAVAN J. FITZSIMONS, RUSS ALAN PRINCE

- ✓ *Dernière modification : Mars 1996* *Dernière consultation : 25 mai 2018*

2. Webographie

[5] http://le-groupe.amundi.com/Decouvrir-Amundi

- ✓ *Dernière modification : 31 décembre 2017* *Dernière consultation : 17 Juin 2018*

[6] https://www.nutcache.com/fr/blog/etude-de-faisabilite-projet/.

- ✓ *Dernière modification :* *Dernière consultation : 17 Juin 2018*

[7] https://www.petite-entreprise.net/P-457-89-G1-l-etude-de-faisabilite-d-un-projet-en-4 etapes.html

- ✓ *Dernière modification : 29 Mars 2016* *Dernière consultation : 17 Juin 2018*

[8] https://www.easybourse.com/pedagogie/fiche/la-gestion-actifs-105

- ✓ *Dernière modification :* *Dernière consultation : 17 Juin 2018*

[9] http://moneystore.be/2013/sicav-2/quest-quun-fonds-dinvestissement

- ✓ *Dernière modification : 3 octobre 2013* *Dernière consultation : 17 Juin 2018*

[10] https://www.opcvm360.com/education/glossaire-des-opcvm/definition/gestion-active-de-portefeuille

- ✓ *Dernière modification :* *Dernière consultation : 17 Juin 2018*

[11] http://www.standard-du-web.com/robot_d_indexation.php

- ✓ *Dernière modification : 11/03/2009* *Dernière consultation : 17 Juin 2018*

[12] http://www.canalgimi.com/C-est-quoi-un-Crawler.html

- ✓ *Dernière modification :* *Dernière consultation : 17 Juin 2018*

[13] https://fr.oncrawl.com/seo-technique/introduction-crawler-web/

- ✓ *Dernière modification : 08 mars 2016* *Dernière consultation : 17 Juin 2018*

[14] http://edutechwiki.unige.ch/fr/Web_scraping

- ✓ *Dernière modification : 12/06/2017* *Dernière consultation : 17 Juin 2018*

[15] http://www.quelleestladifference.fr/2014/10/crawling-scraping.html

- ✓ *Dernière modification : 25 octobre 2017* *Dernière consultation : 17 Juin 2018*

[16] https://webisoft.com/fr/extraction-de-donn%C3%A9es/

- ✓ *Dernière modification : 2017* *Dernière consultation : 17 Juin 2018*

[17] https://blog.ignition-program.com/methode-scrum-pour-les-nuls-2/

- ✓ *Dernière modification : 08 décembre 2018* *Dernière consultation : 17 Juin 2018*

[18] http://guidemethodologiememoiremasterdeuxrh.e-monsite.com/pages/lettre-de-cadrage/pbs-wbs-rbs-obs/le-pbs.html

- ✓ *Dernière modification :* *Dernière consultation : 17 Juin 2018*

[19] http://guidemethodologiememoiremasterdeuxrh.e-monsite.com/pages/lettre-de-cadrage/pbs-wbs-rbs-obs/le-wbs.html

- ✓ *Dernière modification : 31 décembre 2017* *Dernière consultation : 17 Juin 2018*

[20] http://www.gantt.com/fr/

- ✓ *Dernière modification :* *Dernière consultation : 17 Juin 2018*

[22] https://laurent-audibert.developpez.com/Cours-UML/?page=diagramme-classes

- ✓ *Dernière modification : 2013* *Dernière consultation : 14 Juin 2018*

[24] https://www.java.com/fr/download/faq/whatis_java.xml

- ✓ *Dernière modification :* *Dernière consultation : 17 Juin 2018*

[25] https://www.jmdoudoux.fr/java/dej/chap-j2ee-javaee.htm

Dernière modification : 2016 *Dernière consultation : 17 Juin 2018*

[26] https://www.javascript.com/

- ✓ *Dernière modification : 2018* *Dernière consultation : 15 Juin 2018*

[27] https://jquery.com/

- ✓ *Dernière modification :2018* *Dernière consultation : 116 Juin 2018*

[28] https://pdfbox.apache.org/

- ✓ *Dernière modification : 17/05/2018* *Dernière consultation : 17 Juin 2018*

[29] https://jsoup.org/

Dernière modification : 14 Avril 2018 *Dernière consultation : 16 Juin 2018*

[30] http://www.jfree.org/jfreechart/

- ✓ *Dernière modification :06/09/ 2017* *Dernière consultation : 17 Juin 2018*

[31] https://docs.oracle.com/javase/7/docs/api/java/net/URLConnection.html

- ✓ *Dernière modification :* *Dernière consultation : 16 Juin 2018*

[32] https://www.lebigdata.fr/hadoop

- ✓ *Dernière modification : 06 mars 2018* *Dernière consultation : 17 Juin 2018*

[33] https://www.journaldev.com/2324/jackson-json-java-parser-api-example-tutorial

- ✓ *Dernière modification : 2017* *Dernière consultation : 17 Juin 2018*

[34] https://google.github.io/gson/apidocs/

- ✓ *Dernière modification : 2016* *Dernière consultation : 17 Juin 2018*

[35] https://projects.eclipse.org/releases/oxygen

- ✓ *Dernière modification : 28 juin 2017* *Dernière consultation : 15 Juin 2018*

[36] http://astah.net/editions/professional

✓ *Dernière modification : 25 mai 2018* *Dernière consultation : 17 Juin 2018*

[37] https://products.office.com/fr/project/project-and-portfolio-management-software

✓ *Dernière modification : 2018* *Dernière consultation : 17 Juin 2018*

[38] https://www.matchware.com/fr/logiciel-de-mind-mapping

✓ *Dernière modification : 2018* *Dernière consultation : 17 Juin 2018*

[39] https://www.sublimetext.com/

✓ *Dernière modification : 2018* *Dernière consultation : 17 Juin 2018*

[40] https://www.dorval-am.com/fr_LU/dorval-convictions

[41] http://www.lfde.com/gp/

[42] https://www.jpmorganassetmanagement.fr/fr/showpage.aspx?pageID=2

[43] http://www.mandarine-gestion.com/france/fr/accueil/

[44] https://www.fidelity.fr/

[45] https://www.amundi-ee.com/epargnant

[46] https://www.carmignac.fr/fr_FR

[47] https://www.blackrock.com/fr

Annexes

1. Spécifications du projet

Spécifications du projet :

L'objectif du stage est la mise en place d'un outil de recherche et de traitement de données à partir d'un support numérique contenant du texte et des graphiques. Nous pouvons le décomposer comme suit :

1- Recherche de documents :

L'outil devra dans un premier temps rechercher et récupérer des reportings de fonds. Ces derniers sont des documents publiés périodiquement (en général mensuellement) par les sociétés de gestions. Ils présentent la philosophie d'investissement du fonds et affichent des données de performance et de risque ainsi qu'un commentaire expliquant les décisions de gestion prises lors de la période. Ce document permet donc d'expliquer les raisons qui ont poussé le gérant à l'achat ou la vente un actif donné et surtout pourquoi le fonds a gagné ou perdu de l'argent.

La recherche pourra se faire en utilisant les données suivantes :

- Le code ISIN (International Securities Identification Numbers) : il s'agit d'un identifiant unique propre à chaque actif financier (exemple : FR0010557967)
- Le nom du fonds (exemple : Dorval Convictions)

La recherche du reportings peut se faire soit :

- Dans le site officiel de la société de gestion (exemple : www.dorval-am.com)
- Dans d'autres sites spécialisés dans la collecte de données sur les fonds (exemple : *www.morningstar.fr)*

2- Recherche de données spécifiques dans le document :

Voici les données (non exhaustives) que l'outil devra chercher dans un reportings :

- L'actif net du fonds : c'est la somme de la valeur des actifs détenus par le fonds moins la somme des valeurs des dettes moins les frais non encore perçus par le gérant. Par exemple, un fonds détenant 1000 actions Maroc Télécom qui vaut 130 DH et 1000 actions de Crédit du Maroc qui vaut 500 DH aura un actif de 630 000 DH(en supposant que les frais de gestion sont nuls et que le fonds n'a pas de dettes)
- La valeur liquidative du fonds (VL) : C'est le prix d'une part du fonds. Il est calculé en divisant la valeur de l'actif net du fonds par le nombre de parts. Par exemple, si l'actif du fonds est de 100 millions d'Euros et il y a 1 millions de parts alors la VL du fonds est égale à 100 Euros. En d'autres termes, la VL est la valeur d'une part d'un fonds.
- La performance du fonds sur différentes périodes : il s'agit d'extraire le rendement du fonds depuis le début de l'année (YTD : Year to Date), depuis 1 an, 3ans et 5 ans
- La volatilité du fonds 1 an, 3 ans et 5 ans : c'est l'écart-type annualisé des rendements du fonds. C'est une mesure de la dispersion des rendements autour de leur moyenne. Plus la volatilité est élevée, plus le fonds est supposé risqué.
- Le Ratio Sharpe 1 an, 3 ans et 5 ans : il est égal à l'écart de rendement du fonds et celui d'un placement sans risque divisé par la volatilité du fonds. C'est un indicateur qui donne le rendement espéré d'un fonds pour une unité de risque. Par exemple, si nous devons choisir entre deux fonds F1 et F2 (on suppose que le taux d'un placement sans risque est nul) avec F1 qui a un rendement de 1% avec une volatilité de 1% et F2 ayant un rendement de 10% et une volatilité de 20% alors le choix sera porté sur le fonds F1 car il a un ratio de Sharpe de 1 (1%/1%) tandis que celui de F2 est égal à 0.5 (10%/20%). En d'autres termes, si nous mettons 1% de risque dans F1 nous espérons avoir un rendement de 1% par contre si nous mettons 1% de risque dans F2 alors notre espérance de rendement est de 0.5% seulement.
- Perte maximale : il s'agit de la perte maximale que le fonds a enregistré sur une période donnée.
- Exposition Actions : c'est la part du fonds exposée aux marchés des actions.
- Exposition Obligations : c'est la part du fonds exposée aux marchés des obligations d'Etat.
- Exposition Crédit : c'est la part du fonds exposée aux marchés des obligations des entreprises (obligations corporate).

Voici un exemple d'un reporting avec les données à extraire :

DORVAL CONVICTIONS

31 octobre 2017
Document à destination de clients professionnels et non professionnels au sens de la MIF
Le fonds est un Fonds Commun de Placement (FCP) de droit français agréé par l'Autorité des Marchés Financiers et autorisé à la commercialisation en France ou éventuellement dans d'autres pays où la loi …orise.

DORVAL ASSET MANAGEMENT
FLEXIBLE PAR CONVICTION

Valeur Liquidative

…EXIBLE 0 à 100% ACTIONS ZONE EURO

Code ISIN

Code ISIN Part R : FR0010557967
Code ISIN Part I : FR0010565457

VL Part R : 166.13 €
VL Part I : 1,799.66 €

Code BLOOMBERG Part R : DORCONV FP EQUITY
Code BLOOMBERG Part I : DORCONI FP EQUITY

ACTIF NET : 551,956,516.52 €

Gérants : Louis Bert, Stéphane Furet
Notation Morningstar : ★★★★

Actif Net

…IF DE GESTION ET PHILOSOPHIE D'INVESTISSEMENT

Créé le 31 décembre 2007, DORVAL CONVICTIONS est un fonds diversifié zone Euro, dont la part actions peut fluctuer entre 0 et 100%. L'approche de gestion patrimoniale, vise à limiter les pertes en capital lors des phases de retournement de marché pour mieux l'exposer lors des phases de reprise des marchés. L'indicateur de performance est constitué à 50 % de l'indice EONIA Capitalization Index 7D et 50% de l'indice EuroStoxx50 NR (EUR) calculé dividendes nets réinvestis (à partir du 1er janvier 2013).

Le processus se déroule en 4 étapes: détermination du taux d'exposition aux actions françaises et européennes, identification des thématiques d'investissements, allocation par tailles de capitalisations, sélection individuelle des sociétés. Le solde du portefeuille est investi en produits monétaires et en produits de taux, afin de sécuriser le capital et réduire la volatilité globale du portefeuille.

PROFIL DE RISQUE ET DE RENDEMENT

A risque plus faible, rendement potentiellement plus faible — A risque plus élevé, rendement potentiellement plus élevé

1	2	3	4	5	6	7

L'échelle (de profil) de risque et de rendement est un indicateur noté de 1 à 7 et correspond à des niveaux de risques et de rendements croissants. Il résulte d'une méthodologie réglementaire basée sur la volatilité annualisée, calculée sur 5 ans. Contrôlé périodiquement, l'indicateur peut évoluer.

PERFORMANCES NETTES DE FRAIS DE GESTION (%)

Performance YTD, 1 an, 3 ans, 5 ans

	1mois	3mois	6mois	YTD	1an	3ans	5ans	Depuis 31/12/2007
Performance DC Part R	0.7	2.0	6.0	14.7	19.7	30.0	58.5	66.1
Performance DC Part I	0.8	2.2	6.3	15.3	20.5	32.6	64.3	/
Performance Indicateur	1.1	3.3	2.4	6.9	11.0	14.3	32.0	8.2
Performance EuroStoxx50	2.3	6.8	4.9	14.3	23.3	27.8	67.8	-4.5

	2017	2016	2015	2014	2013	2012	2011
Performance DC Part R	14.7	2.4	9.4	2.5	15.8	10.9	-9.6
Performance DC Part I	15.3	3.2	10.1	3.4	16.5	11.5	-8.9
Performance Indicateur	6.9	2.3	3.8	2.4	10.7	7.4	-7.6
Performance EuroStoxx50	14.3	3.7	6.4	4.0	21.5	13.8	-17.1

COMMENTAIRE DE GESTION MENSUEL

Sur le mois les marchés européens ont poursuivi leurs avancées en raison d 'une part de bonnes publications de résultats et chiffres d 'affaires en général et d'autre part de la confirmation par la BCE du caractère accommodant de sa politique monétaire sur l 'année 2018 également. Au regard des derniers chiffres américains qui démontrent la vitalité de son économie et une inflation maîtrisée, la parité euro /dollar s 'est stabilisée.

Dans un tel contexte, la volatilité est demeurée très basse en dépit des événements catalans. Tactiquement, nous avons pris nos bénéfices sur un certain nombre de valeurs moyennes après leurs beaux parcours et ainsi réduit notre exposition à 46 % à contre tendance du marché. A l 'inverse nous avons renforcé nos positions dans les valeurs les plus cycliques comme OMV ou Neste directement liées à la reprise de l 'activité économique. Dans le thème de la numérisation nous avons renforcé notre ligne en Atos.

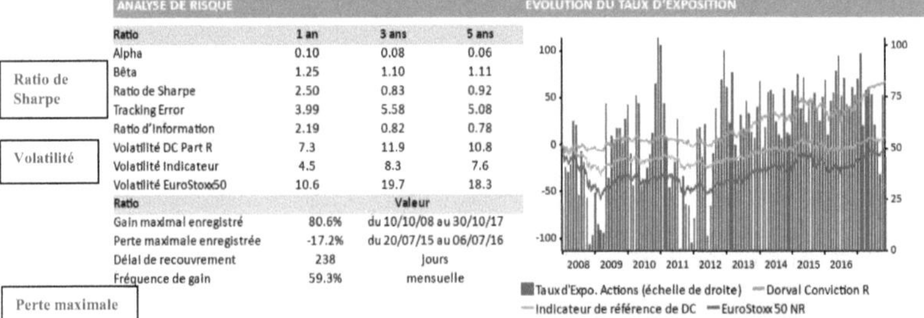

ANALYSE DE RISQUE

Ratio de Sharpe

Volatilité

Ratio	1 an	3 ans	5 ans
Alpha	0.10	0.08	0.06
Bêta	1.25	1.10	1.11
Ratio de Sharpe	2.50	0.83	0.92
Tracking Error	3.99	5.58	5.08
Ratio d'Information	2.19	0.82	0.78
Volatilité DC Part R	7.3	11.9	10.8
Volatilité Indicateur	4.5	8.3	7.6
Volatilité EuroStoxx50	10.6	19.7	18.3

Ratio	Valeur	
Gain maximal enregistré	80.6%	du 10/10/08 au 30/10/17
Perte maximale enregistrée	-17.2%	du 20/07/15 au 06/07/16
Délai de recouvrement	238	jours
Fréquence de gain	59.3%	mensuelle

Perte maximale

EVOLUTION DU TAUX D'EXPOSITION

Les performances passées ne sont pas un indicateur fiable des performances futures. Les calculs de performance sont réalisés dividendes nets réinvestis pour l'OPCVM. Les calculs de performances de l'indicateur de référence sont, à compter du 1er janvier 2013, réalisés dividendes nets

Figure 55: spécifications Dorval 1

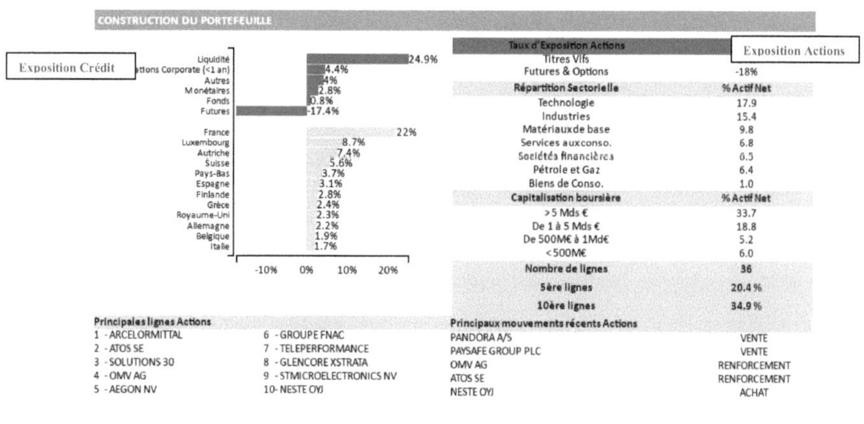

Figure 56: spécifications Dorval 2

3- Traitement et affichage des données récupérées :

Les données récupérées seront stockées, dans un premier temps, dans une base de données. Nous discuterons ultérieurement de l'utilisation et le traitement de chacune des données.

2. Reportings de fonds

a) Dorval Convictions

Dorval Global Convictions est un fonds flexible pouvant investir jusqu'à 100% des actifs nets en titres vifs, actions ou taux, portant sur toutes zones géographiques en fonction des anticipations économiques et financières des gérants. [40]

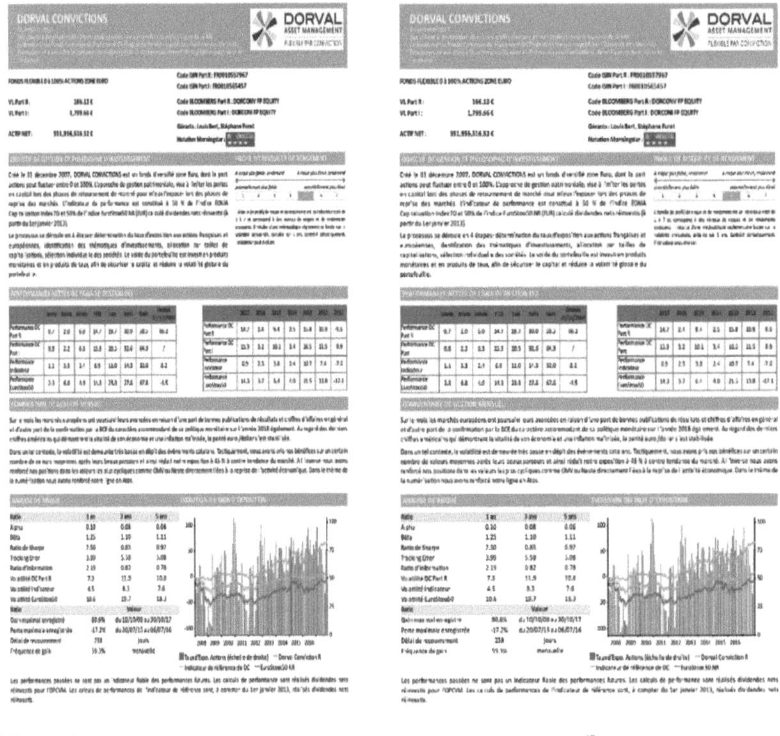

'igure 57: Reporting 1

b) Echiquier Global Allocation de la financière

Echiquier Global Allocation est un fonds d'allocation d'actifs cherchant à surperformer à moyen terme son indicateur de référence au travers d'une gestion discrétionnaire et opportuniste sur les marchés de taux, d'actions, de crédit et de devises. [41]

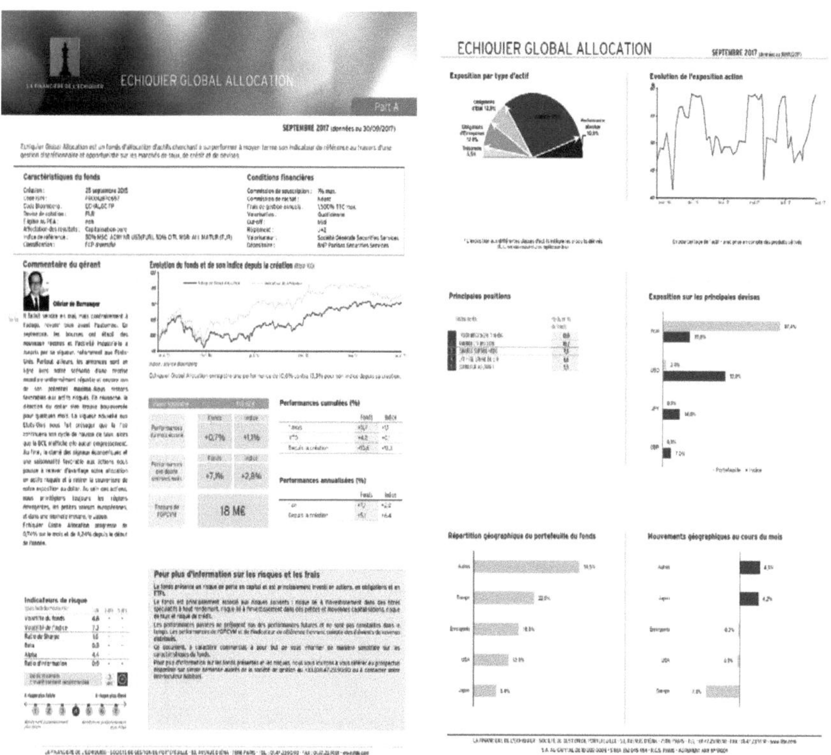

ECHIQUIER GLOBAL ALLOCATION

Part A

SEPTEMBRE 2017 (données au 30/09/2017)

Caractéristiques du fonds

Conditions financières

Commentaire du gérant

Evolution du fonds et de son indice depuis la création

Performances cumulées (%)

Performances annualisées (%)

18 M€

Pour plus d'information sur les risques et les frais

Indicateurs de risque

ECHIQUIER GLOBAL ALLOCATION

Exposition par type d'actif

Evolution de l'exposition action

Principales positions

Exposition sur les principales devises

Répartition géographique du portefeuille du fonds

Mouvements géographiques au cours du mois

Figure 58: : Reporting 2

c) JPMorgan Investment Funds

Le fonds vise à procurer un revenu régulier en investissant principalement dans un portefeuille de titres générateurs de revenus, à l'échelle mondiale, et au moyen d'instruments financiers dérivés. [42]

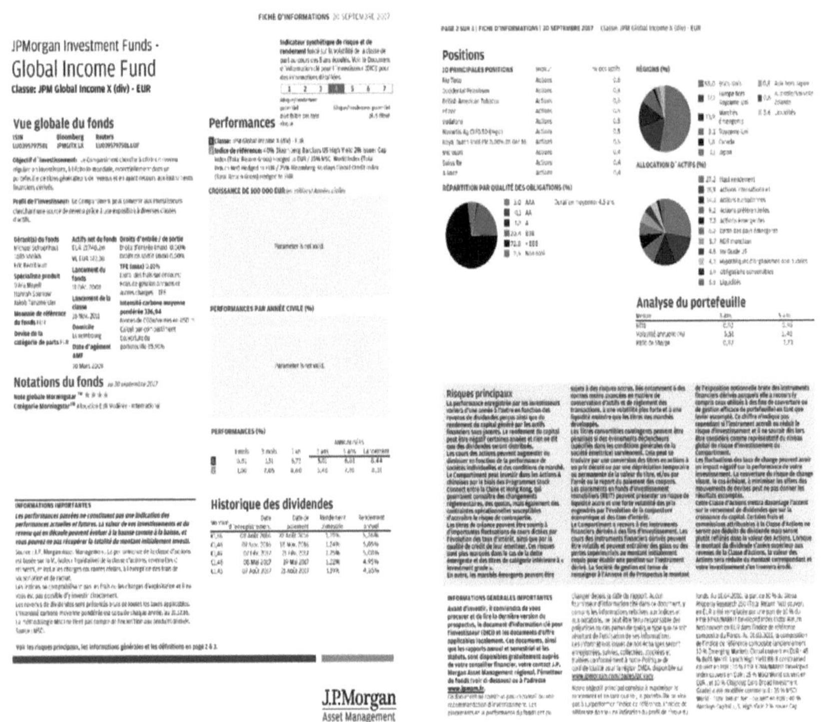

JPMorgan Investment Funds -
Global Income Fund
Classe: JPM Global Income X (div) - EUR

Vue globale du fonds

Performances

Notations du fonds

Historique des dividendes

Positions

Analyse du portefeuille

Risques principaux

J.P.Morgan
Asset Management

Figure 59: : Reporting 3

d) Mandarine Europe Opportunités

Mandarine Gestion regroupe des spécialistes de la gestion d'actifs, dont la force réside dans l'indépendance de leur analyse qui permet d'offrir une gestion active de conviction, se démarquant des indices de marché. [43]

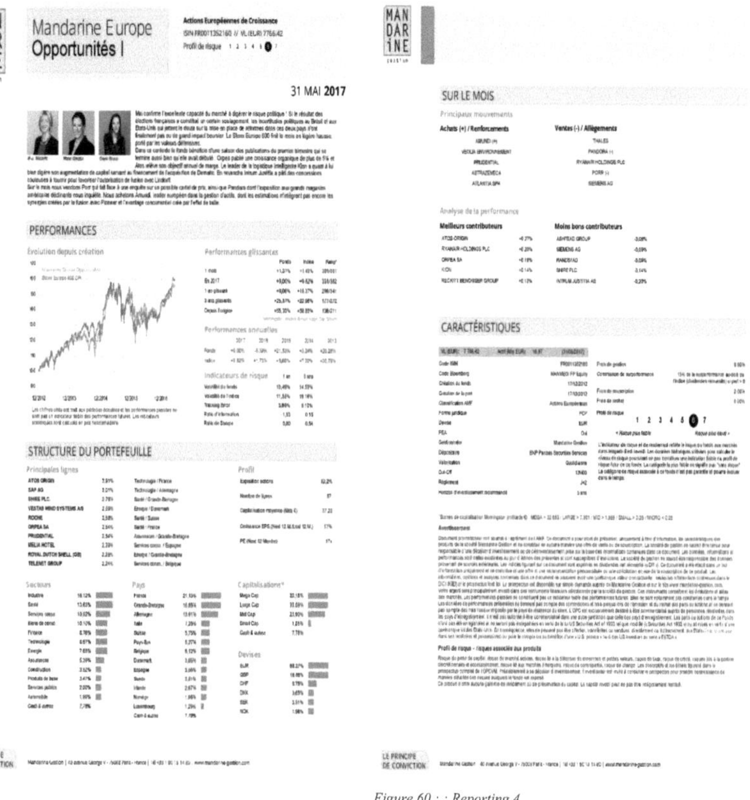

MANDARINE gestion

Mandarine Europe Opportunités I

Actions Européennes de Croissance

ISIN FR0011352160 // VL (EUR) 7766,42

Profil de risque 1 2 3 4 5 6 7

31 MAI 2017

PERFORMANCES

Évolution depuis création

Performances glissantes

Performances annuelles

Indicateurs de risque

STRUCTURE DU PORTEFEUILLE

Principales lignes

Profil

Secteurs

Pays

Capitalisations

Devises

SUR LE MOIS

Principaux mouvements

Achats (+) / Renforcements	Ventes (-) / Allègements
VEOLIA ENVIRONNEMENT	THALES
PRUDENTIAL	PANDORA (-)
ASTRAZENECA	RYANAIR HOLDINGS PLC
ATLANTIA SPA	SIEMENS AG

Analyse de la performance

Meilleurs contributeurs	Moins bons contributeurs
ATOS ORIGIN	ASHTEAD GROUP
RYANAIR HOLDINGS PLC	SIEMENS AG
ORPEA SA	RANDSTAD
KION	SHIRE PLC
RECKITT BENCKISER GROUP	INTRUM JUSTITIA AB

CARACTÉRISTIQUES

Profil de risque 1 2 3 4 5 6 7

LE PRINCIPE DE CONVICTION

Figure 60 : : Reporting 4

3. Pages web des entreprises de gestion d'actifs

a) Fidelity

Fidelity est un gestionnaire d'actifs de dimension internationale proposant une large gamme de fonds d'investissement adaptés aux attentes de tous types. Elle propose des solutions d'investissement de premier ordre et des expertises liées à la retraite aux investisseurs institutionnels, particuliers, ainsi qu'aux conseillers financiers. [44]

Figure 61: Fidelity

b) Amundi

Amundi est une entreprise de gestion d'actifs (asset management) française créée en 2010 par le rapprochement de Crédit agricole Asset management et Société générale asset management. En 2017, elle se classe au premier rang européen des sociétés de gestion d'actifs, avec un portefeuille de gestion de plus de 1 300 milliards d'euros. [45]

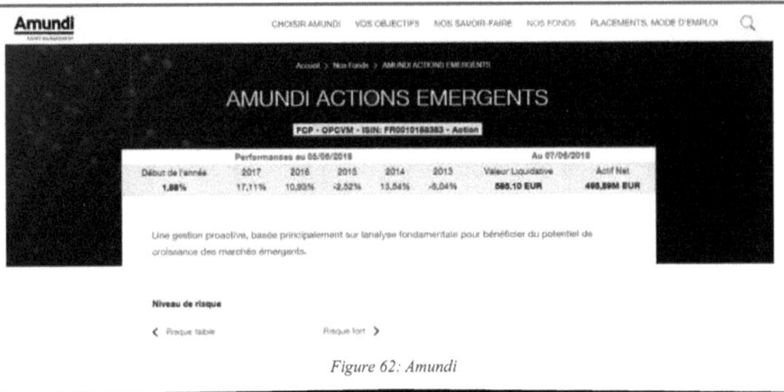

Figure 62: Amundi

c) Carmignac

Carmignac Gestion, fondée en 1989 par Édouard Carmignac et Éric Helderlé, est une société française de gestion d'actifs. En 2016, ses encours sous gestion pour compte de tiers s'élèvent à 53,5 milliards d'euros, ce qui lui permet de figurer parmi les principales sociétés de gestion indépendantes à l'échelle européenne. [46]

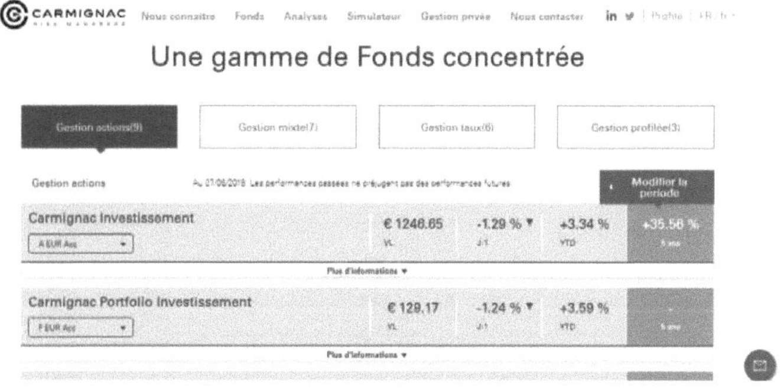

Figure 63: Carmignac

d) BlackRock

BlackRock est une société multinationale de gestion d'actifs dont le siège est situé à New York. Fondée en 1988, elle est devenue le plus important gestionnaire d'actifs au monde, avec plus de 5 000 milliards d'euros fin 2016. Les principaux clients de l'entreprise sont des investisseurs institutionnels. La société, premier actionnaire d'une société américaine sur cinq, possède des bureaux à travers 30 pays dans le monde. [47]

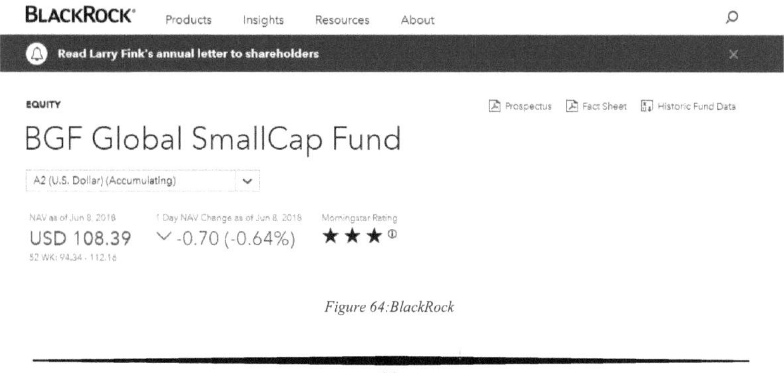

Figure 64:BlackRock

I want morebooks!

Buy your books fast and straightforward online - at one of world's fastest growing online book stores! Environmentally sound due to Print-on-Demand technologies.

Buy your books online at

www.morebooks.shop

Achetez vos livres en ligne, vite et bien, sur l'une des librairies en ligne les plus performantes au monde!
En protégeant nos ressources et notre environnement grâce à l'impression à la demande.

La librairie en ligne pour acheter plus vite

www.morebooks.shop

KS OmniScriptum Publishing
Brivibas gatve 197
LV-1039 Riga, Latvia
Telefax: +371 686 204 55

info@omniscriptum.com
www.omniscriptum.com

Printed by Books on Demand GmbH, Norderstedt / Germany